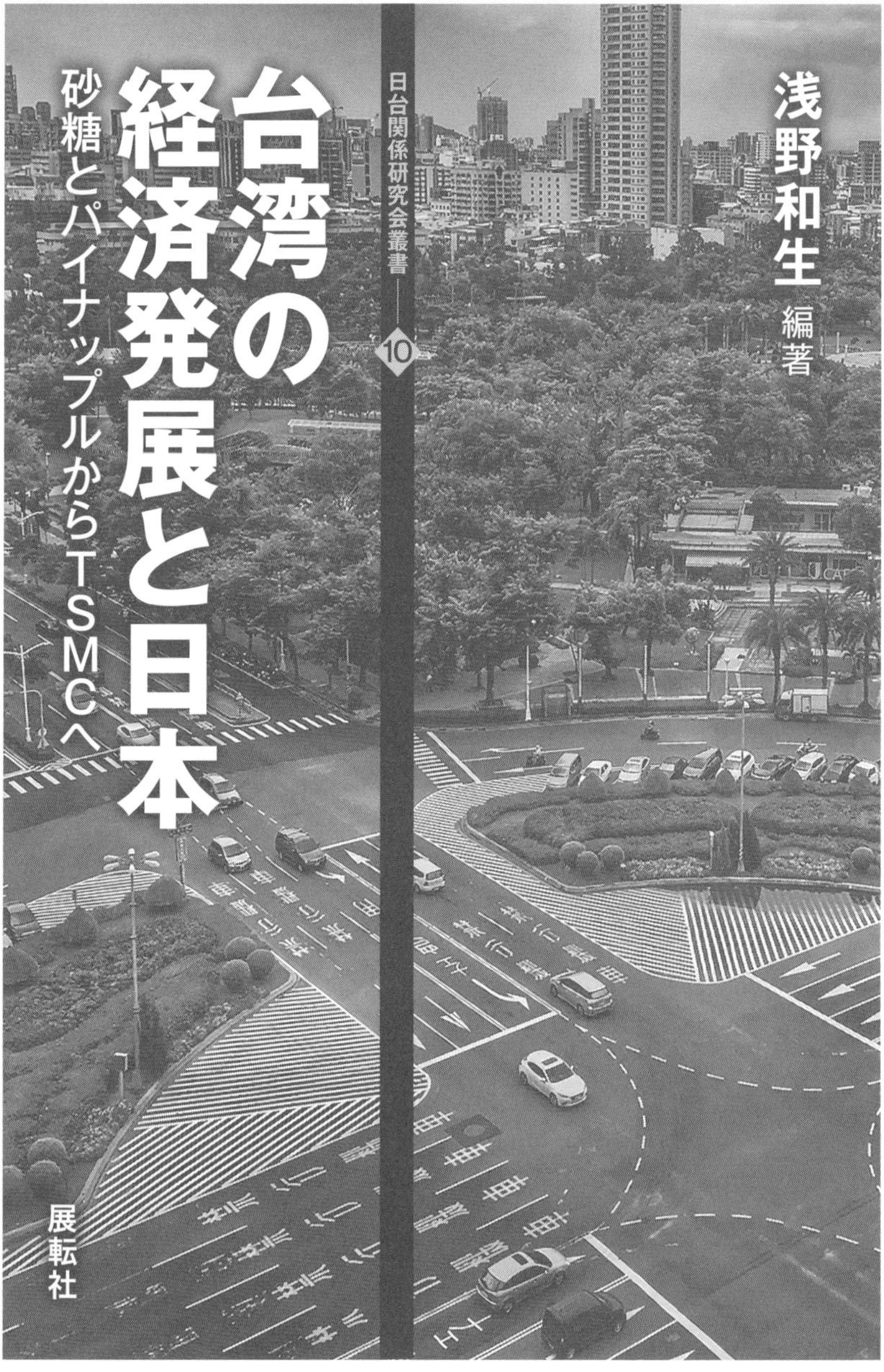

台湾の経済発展と日本

砂糖とパイナップルからTSMCへ

浅野和生 編著

日台関係研究会叢書――⑩

展転社

序文

本書は、日台関係研究会叢書10として出版される。本会は、平成七（一九九五）年六月に創立され、爾来二十八年が経過した。叢書は、本会の活動の成果として世に問うものであり、平成二十六（二〇一四）年から毎年出版している。今回も、浅野和生本会事務局長（平成国際大学教授）の企画・編集のもと、問題意識を同じくする本会関係者が執筆した。

一九七二年九月、今から五十一年前、日本と台湾との間にあった公式の外交関係が断絶した。いわゆる日中国交正常化の結果である。日本国内はパンダ・ブームに象徴されるように朝野を挙げて日中友好ムードが演出された。

日中国交正常化は、日台間に一時期、険悪なムードをもたらした。国交断絶とは現実の国家間の厳しい対立を象徴する言葉だ。しかしながら、営々と築かれてきた両国を結ぶ絆は絶たれることはなかった。それは日台の「非政府間の実務関係」という冷めた響きにとどまらず、年を追って深化して「緊密な経済関係と人的往来を有する重要なパートナー」という暖かい関係が醸成された。まさしく「国交」を超える絆が構築されてきた。国と国との正式な外交関係を欠く不正常な状態が続いていても、自由と民主主義の価値観を共有する両国を繋ぐ糸は益々太さを増し、経済関係の連携も強固なものとなってきた。

近年、日本も台湾も大規模な災害に見舞われている。そのたびに互いに支援の手を差し伸べ合う友情に溢れた関係だ。わけても、先年の東日本大震災という未曾有の災害に際して、台湾の人びとから物心両面の際立った支援をいただいたことは、日本人の記憶に鮮明だ。

二〇二〇年から世界は新型コロナ・ウィルスの猛威に襲われ、夥しい数の罹患者を生み、いたるところで生産、物流、人的交流などの様々な活動が制限されたが、日台間の友情はいささかも揺るがなかった。マスクが不足した日本に、またワクチンが不足した台湾に、相互に必要なものを融通しあったのも一例だ。両国民が互いに抱く好感度も極めて高い。自然の発露として、よき隣国関係の末永い発展が望まれていると思う。

現在、台湾では安定した自由と民主主義の体制が敷かれている。一方、海峡を挟んだ軍事大国中国は、台湾統一を核心的利益とし、その実現のため武力行使の意図も準備も隠さない。中国の台湾侵攻はそれほど先ではないとする識者もいる。中国の現実的な脅威を前に、米国は台湾との一層の関係強化を進め、日本は米国とともにオーストラリア、インドを加えて「自由で開かれたインド太平洋構想」で対抗しようとしている。欧州でも、台湾の自由と民主主義を評価して、台湾との交流活動を活発化させる動きがある。

しかし、懸念される最悪の事態が現実になれば、その衝撃は計り知れない。日本にとっても、台湾有事は日本の有事に直結する。日本と台湾は運命共同体なのだ。非常時にパートナーの危機を傍観すれば、たちまち絆は断ち切られる。日台の絆が深まる一方で、台湾の危機にパートナーとしてどう現実に対応できるのか、日本に突きつけられる課題は重大だ。

本書は、「台湾の経済発展と日本」をテーマとしている。叢書として経済分野をはじめて正面から扱うものだ。第一章「台湾の経済発展と日本」（浅野和生）は、表題が示すように本企画の中核である。台湾は、第二次大戦後、困難と混乱の中から、一つの島を単位とする独立した小国として歩みをはじめ、政治、経済、外交の激浪に揉まれながらも、やがて世界有数の科学技術先進国へと発展し、「奇跡の経済発展」と言われる豊かさと繁栄を手に入れた。台湾の経済は、一九五〇年代の準備期間を経て、六〇年代から八〇年代に離陸を果たし、九〇年代に至り、ついには自前の力で高度科学技術産業を軌道に乗せ、科学技術先進国として今日の姿に進化していった。また、発展に伴い国際化した台湾経済は、政治的には活動を限定されるなか、世界貿易機関（ＷＴＯ）加盟や自由貿易協定等を推進することで、安定した貿易関係を世界に拡大している。第一章では、こうした過程が要領よく説明され、日本にとって切っても切れない台湾経済の真の姿を紹介する。

第二章「二十一世紀を迎えた台湾の経済と日台関係」（漆畑春彦）では、農業や軽工業主体の経済から出発し、製造業を柱とする工業主体の経済に脱皮したのち、八〇年代から二〇〇〇年までの間に、科学工業園区の設立や工業技術研究のサポート体制の構築などで、新技術やＩＴに代表されるハイテク分野が戦略産業となる過程が説明される。第三章「半導体産業の巨星・台湾ＴＳＭＣ」（松本一輝）は、前章をうけて台湾を代表する世界最大の半導体受託製造企業である同社の活動を紹介する。第四章「台湾と国際機構の関係について」（野澤基恭）は、国際社会の中で政治的には活動を狭められた台湾がグローバルに経済活動を展開する上で必須となる国際機構との関係について、世界貿易機関（Ｗ

ＴＯ）加盟を例に、国際法の観点から説明する。第五章「続・日台における自治体の姉妹友好都市交流」（山形勝義）は、本叢書9掲載の続編として、新たに二十六自治体を追加調査した資料となっている。

本書の執筆者に共通するのは、日台関係がよき隣人関係でありたいと願う率直な気持ちである。台湾は、自由と民主主義の価値観を共有する隣国である。国交は断たれているものの、両国間の歴史、経済、文化の関係は大切な絆を構成してきた。四面環海の日本の安全保障にとって、台湾は地政学上も極めて重要なパートナーだ。

日台関係研究会は、今年で創立二十八年となった。本会は毎月の例会を欠かすことなく実施し、年次大会も開催してきた。叢書の出版も十冊目となったが、本会関係者の執筆にかかる関連書物は、十四冊を数えている。もちろん、こうした活動は、関係する方々のご理解とご支援なくしては継続できない。この機会に、改めて深く感謝を申し上げたい。

令和五年十二月

日台関係研究会常務理事・平成国際大学名誉教授　酒井正文

目　次

台湾の経済発展と日本——砂糖とパイナップルからＴＳＭＣへ

カバーデザイン：古村奈々 + Zapping Studio

第一章　台湾の経済発展と日本

平成国際大学教授　浅野和生

今日、台湾の主要都市には高層ビルが立ち並び、新竹・中部・南部の3つの科学工業園区（サイエンス・パーク）には世界で活躍するIT企業・先端科学企業が林立している。その一方で、古い街並みを残す中国南方風の老街や繁華街、夜市の賑わいには、昔からの台湾の匂いや音、熱気が今もあふれている。まぎれもなく先進国の一角を占め、半導体生産で世界市場を支配しながら、どこか雑然としたアジアの空気をも漂わせる台湾。そして次々に繰り出される新しい美食やさまざまな体験、訪れる者を魅了してやまない活力に台湾は満ちている。

しかし、こうした今日の繁栄した姿は、第二次世界大戦以後の歴史をふりかえると、当然というより、むしろ奇跡の積み重ねの結果ではないかと思えてくる。

ここでは、苦難と混乱の中から歩み始め、豊かさと繁栄を手に入れるまでの台湾の軌跡を振り返るとともに、そんな台湾と日本との関係をたどってみたい。以下、その序章として、日本統治時代の台湾を振り返るところから始める。

第一節　日本統治五十年の台湾

(一) 植民地化ではなく、日本化を目指した台湾統治

第二次世界大戦終戦の時、一九四五年八月十五日のポツダム宣言受諾の放送、昭和天皇ご自身の声による「玉音放送」を聞いた台湾の人びとの多くは、敗戦の悲しみに打ちひしがれた。

五十年間は短い年月ではない。一八九五年、明治二十八年四月十七日、日清戦争の下関条約で日本に割譲されてから半世紀にわたって、台湾は日本に統治されたが、明治末から大正時代を経て昭和の時代になると、台湾の街中はすっかり日本語が通用するようになっていた。大日本帝国による統治も三十年を過ぎたころから、日本教育が浸透し、さまざまな分野の日本化が進んだ。昭和六年夏の甲子園野球大会には、台湾を代表して嘉義農林学校が出場して、初出場ながら準優勝という活躍をみせると、台湾の人びとは沸き返った。

さて、日本語伝習所からはじまった台湾における日本語・日本教育は、やがて台湾の子ども達を対象とした津々浦々の「公学校」で展開されるようになった。後には中学校、さらに高等学校、教員養成のための師範学校も作られ、一九二七年、昭和二年には日本で七番目の国立大学として台北帝国大学が開設された。これは大阪帝国大学（一九三一年）、名古屋帝国大学（一九三九年）より早かった。

また、民主化を求める台湾の人々の声に応えて、一九三五年、昭和十年に第一回の街庄協議会と市議会の議員選挙が実施された。その四年後の昭和十四年にも、予定通り第二回の選挙が実施された。残念ながら第二次世界大戦のために、第三回以後の選挙は執り行われなかったが、これらの選挙における選挙権は、納税資格要件、つまり一定の税金を納めている男性という制限はあったものの、日本人と台湾人による区別はなかった。被選挙権も同様で、台湾人の立候補者も多く、街庄協議会選挙では当選者は八割が台湾の人々だった。

ところで、日本国内では一九二五年、大正十四年から「普通選挙」が導入され、二十五歳以上の男性すべてに投票権が与えられていたから、それと比べると台湾の選挙制度の導入は遅く、しかも制限つきだった。しかし、各地で選挙集会が盛んに開かれ、賑やかな選挙戦が繰り広げられて、投票率は高かった。

また、街庄協議会も市議会も、選挙で選ばれる議員は定数の半分だけで、残り半分は首長による推薦制であったから、十分に民主的だと胸を張れる制度ではなかった。

それでも台湾人と日本人を制度的には差別せず、同じ選挙権・被選挙権で選挙を実施したことは、当時のイギリス、フランスその他欧米先進国の植民地には見られないことだった。そもそも、植民地では民意を問うこと自体が行われず、支配国の都合で行政が行われるのが普通だから、二度にわたる地方選挙の実施は、日本が台湾を普通の日本の領土にしようとしていたことを示すエピソードだといえる。昭和十八年には、台湾・朝鮮でも衆議院議員選挙の実施が決められ、選挙区も画定されたのだが、日本の敗戦で昭和二十年に台湾・朝鮮は日本の手を離れたから、衆議院選挙は幻に終わった。

(二) 神様になったゼロ戦パイロット

昭和十九年になると、アメリカの戦闘機、爆撃機が台湾に襲い掛かり、繰り返し攻撃をしかけた。このため、多くの建物が被害をこうむり、とりわけ軍事施設や空港は爆撃の対象となり、建物も滑走路も穴だらけにされた。そして台湾の主要都市とその近郊では、日本人であろうと台湾人であろうと、アメリカ軍の空襲におびえながら日々を過ごすことになった。

昭和十九年十月十二日の吉日、台南郊外の安南に広がるサトウキビ畑に囲まれたある集落で、まさに台湾式の結婚式が行われようとしていた。屋外に卓を並べ、その上にご馳走を用意して、親族・関係者に限らず集落の大半の人々が集まれるように、準備が整えられていた。そして着飾った花嫁が会場に向かおうとしたそのとき、上空に米軍戦闘機のグラマンが来襲して、これを迎え撃つ日本軍のゼロ戦と空中戦になった。銃撃の音が空に轟いたが、村人たちは当初、結婚式のお祝いの爆竹かと思った、という。

しかし、実際には米軍機の攻撃に対してゼロ戦は劣勢であり、そのうち一機が被弾して墜落し始めた。パイロットは、すぐに脱出すれば生命をとりとめられたのだが、操縦席からふと眼下に広がる集落を見た。自分が助かろうとすれば、機体は集落めがけて落下し、多数の人家が焼失し、死傷者が出る可能性も高い。その瞬間、パイロットは、集落と人びとを守るために、脱出レバーの代わりに操縦かんを握りしめ、機体を旋回させた。

この操作により、ゼロ戦の機体は集落を外れ、サトウキビ畑めがけて落下していく。その刹那、空中分解を起こして、重いエンジンは畑に大きな穴をあけ、機体と操縦士はそこから少し離れたサトウキビのしげみに落ちた。

結局、パイロットの最後の決断によって、集落は焼失を免れ、村は救われた。後から分かったのだが、このパイロットは杉浦茂峰兵曹長で、戦死により少尉に特進した。

終戦後しばらくして、この集落の魚の養殖業の危機の際に、飛行服の若者が住民の夢枕に立ち、人々に対処策を授け、村は救われた。村人は、この集落を守る神として杉浦少尉を祀ることにし、小さな祠を建てた。時とともに信者が増えて、小さな祠は十坪を超える立派な道教の廟に建て替えられた。それが、今日の「鎮安堂飛虎将軍廟」である。（台南市安南区海尾寮）

一方、人々がサトウキビの畑に身をかがめて難を避けている間に、人間に追い払われないことをよい事に、近くの犬たちが集まって用意されたごちそうを食べ荒らしてしまった。

以上は、このサトウキビ畑の持ち主の親族の方の証言である。

太平洋戦争勃発以後には、日本の軍人として戦場に赴いた台湾人は八万人を超えた。その中で、お国のために散華して靖国神社に英霊として祀られた方々が三万人余りである。高砂族とも称された原住民の人たちを隊員とする「高砂義勇隊」も結成され、南太洋の島々に派遣されて、日本内地からの兵士たちとともに戦場で勇敢に戦った。さらに、彼らの南方ジャングルでの生活力の高さによって、飢餓に瀕した日本兵たちは大いに助けられた。

そもそも、下関条約で清国が日本に対して台湾を割譲したことは、期間限定の貸与、すなわち「租借地」ではなく、主権の永久移転であった。だから、日本政府の将来構想としては、やがて台湾の人びとが日本人化して、区別がつかなくなることが期待されていた。いつかふたたび、台湾が日本統治から離脱して、台湾の人々が「日本人」から「中国人」に戻ることは想像していなかった。無論、それは大日本帝国側の事情であって、台湾の人びとの望むところではなかったに違いない。それでも戦時中においても、多くの台湾人は日本人とともに、アメリカを始めとする連合軍との戦いいにおいて日本の勝利を願っていたのである。

(三) 日本統治下台湾の近代経済の基礎作り

五十年間の日本統治下の台湾は、一般的に今日、「植民地」と呼ばれているが、その実態は欧米の植民地統治と大きく異なるものだ。というより、日本は台湾を、「植民地」として統治したのではなかった。明治維新後の日本は、蝦夷地を北海道として開拓して自国の領土とし、あるいは清国と我が国の両方に従属していた琉球を日本領として確定させて、近代化を図ったのと同じように、台湾も日本の領土に取り込もうとしていたのである。幕藩体制から近代的中央集権国家として大日本帝国を作り上げ、育てようとしていた明治維新政府は、「薩摩」や「長州」という人々のアイデンティティを「日本人」にまとめ上げることに成功したが、その中に台湾人も包摂するつもりだったのである。

それでは、同化を目指した日本による五十年間の台湾統治の成果はどうだったのだろうか。その特色の一つは、日本に併合するにあたって台湾の自然・人々の特性を調査して、それに合わせた統治を目指したことである。その結果、第一に、良好な治安と諸制度、施設の整備、第二に高い保健・衛生水準とそれによる人口の急増、第三に農業その他産業を含む経済の発展、第四に財政の独立と貿易における出超の達成、そして最後に教育の普及と比較的高い生活水準、などが実現したのであった。

一八九五年の日本による台湾統治開始より前は、台湾経済は「黎明期」にあった。

清朝による台湾統治は、一六八三年から始まった。しかしこの頃には、平地で伝染病の蔓延があり、また、鄭成功からしばらくの時代は清朝に対する反乱勢力の拠点となっていたことから、清朝政府は台湾について、開発を目的とするより再び反乱軍の拠点にさせないための管理を目指していた。このため、清朝の軍人、官僚の台湾勤務に際して、家族を連れての赴任を禁止し、また労働力として台湾にわたる漢人移民も、台湾への土着化が進まないように、女性の台湾移住を禁止し、たびたび渡台禁止令を発布した。

一六八四年から渡台禁止令が正式に発布されたが、その後、期限付きで台湾移住が認められる時期が数回あり、それからまた渡台禁止令が発布されるということが繰り返されていた。それでも、台湾に移転した漢人のなかには、原住民の女性を妻にして、家族を養い土着化する人々もあって、しだいに台湾における漢人人口は増えて行った。しかし最終的に渡台禁止令が廃止されたのは、日本統治開始のわずか二十一年前、福建巡撫・沈葆楨の建議によるものだった。

日本は、日清戦争の時期において、台湾の地政学的な重要性を十分に認識しており、また、経済的な有用性についても期待していた。すなわち、台湾が、狭い台湾海峡を挟んで中国大陸と対峙しており、中国への玄関口になるとともに、南シナ海を経て東南アジアへと連なるゲートウェイに位置することの価値をも、十分に理解していた。

そうしたなかで、伊藤博文の『台湾資料』によると、台湾統治について甲と乙の二案を検討していたことがわかる。甲案は、台湾の「植民地化」を進める案で、これに対して乙案は、植民地ではなく「日本の領土とする」というものだった。検討の結果、日本としては、乙案を採用することとした。国会答弁において、原敬はそれを明言している。その理由として、台湾の居住者は民族的に日本人と近く、台湾の地形や風土が日本と似ていること、さらに両地の距離が十分に近いこと、以上三点を挙げた。

こうした方針の下で、日本は台湾統治を始めるにあたり、新興財閥を勧誘して台湾への投資を始めさせようとした。

台湾領有初期の日本は、まず将来的に日本内地と同等の統治をおこなう前提として、台湾の国勢調査を実施した。実際には、児玉源太郎第四代総督の一九〇五年から、人口、土地及び林野の調査を行っている。この人口調査によって、台湾における労働力を把握するとともに、土地及び林野の調査を通して地理・地形を正確に知ることは、治安維持にもつながるものだった。さらに、土地面積を正確に測ることで、地籍簿を作成して所有者を明確にし、地租（税金）の徴収を確実にする基礎ともした。

また、土地の面積と所有者を確定することは、土地売買の安全性と、土地資本の流動性、つまり土地の売買が普通にできる状態にすることにつながった。ただし、実際には、清朝時代の台湾の土地所有関係は、土地と地権者が一対一に対応する近代的な土地所有形態ではなく、多重の所有関係や共有の構造が複雑に入り組んでおり、絡み合った糸を解きほぐすのは簡単ではなかった。

（四）インフラ整備と度量衡の統一

次に、交通網の整備にも取り組んだ。一八九九年に北部の基隆港の築港を始め、これを一九〇二年に完成させると、一九〇八年には南部の高雄港の築港を始め、これは一九一二年に完成させた。また、一八九九年から南北縦貫鉄道の建設を開始して、これは一九〇七年に一応の完成をみている。この鉄道建設資金は、台湾総督府の財政では不足したため、東京で台湾鉄道建設社債を発行して、その債権で得た資金を用いて鉄道建設を進めた。つまり、日本国内で資金調達を間に合わせたわけで、外国の投資家の資金を用いなかったことで、その後、外国の債権者から経営に口出しされる心配が無かった。

さらに、郵便事業と電話事業も、鉄道敷設とほぼ同時期に開始された。

それから、総督府は一九〇八年から水利灌漑の整備にとりかかった。ダムや灌漑用水路の建設、河川・堤防の修築を進め、台風による水害、土砂崩れの発生を防ぎ、農業生産性を高めた。一九一〇年には林産資源開発のために「阿里山作業所」を設置した。

さらに、電力の開発を進めた。台湾統治開始から十年を経た一九〇五年、台北に電気事業所を設立し、電灯が灯るようになった。これは、日本を除けば、アジアで二番目の早さだった。その後、台湾各地に電気事業所が設立され、それらを一九一九年に合併させて台湾電力株式会社が設立された。その後、同社が台湾中部の景勝地、日月潭で水力発電所を建設して、一九三四年に大型の発電所を完成させた。これによって、台湾全体として電力供給が安定することになった。このようにして、昭和戦前期において、台湾では電力供給体制が整っていたのである。

もう一つ、台湾において経済発展を可能にするために大事なことは、物の長さや体積、重さの基準となる度量衡の統一と健全な貨幣制度の実現であった。

日本による統治開始のその年、一八九五年十月には、早くも内地式度量衡器移入販売の道が開かれたが、一九〇二年、児玉源太郎総督、後藤新平民政長官の時代において、「台湾度量衡条例」を公布し、一九〇五年末日をもって清朝時代から使われてきた旧式度量衡器の使用を禁止にした。

また、一八九七年四月に台湾銀行法が制定され、その設立準備が始められた。さらに一八九九年三月、台湾事業公債法が制定され、土地調査事業や鉄道建設、港湾設備に必要な費用三千五百万円を公債で調達し、その公債の消化のために専売事業収入を充てることが決定された。合わせて台湾銀行には、公債発行の要の地位を与え、この年の九月に資本金五百万円をもって営業を開始した。

こうして台湾銀行の設立と業務執行という形で、幣制統一と中央銀行創設が、日本の台湾統治政策の一環として実施されたのである。一八九九年には、刻印付金兌換券という経過的措置から始めて、一九〇六年に台湾銀行が金兌換券を発行するようになった。簡単にいえば、一八九九年から台湾銀行券の発行が開始された。台湾における通貨の変遷については、後の節で詳しく述べる。

以上のような経過で、台湾では一八九六年にアヘン、一八九九年に食塩及び樟脳、さらに一九〇五年にタバコ、一九二二年に酒の専売制度を実施して、台湾総督府の財政収入の道を開いた。また、これより先に一八九八年七月から、勅令第十七号によって、地租附加税、家屋税、営業税、雑種税が課せられるようになっている。

以上のように、児玉・後藤時代に台湾の財政的基盤が確立し、その結果として、台湾では日本の内地からは独立した財政運営が一九四五年の終戦まで続けられた。

（五）農業生産の柱としての砂糖と米

なお、台湾の主要な農作物は米と砂糖であったが、日本は初期から産業振興のため、とくに糖業を奨励した。

糖業については、一九〇〇年十二月には台湾糖業株式会社を設立し、一九〇一年に農学博士・新渡戸稲造を台湾へと招聘して、台湾糖業の技術を確立させるとともに、製糖業を日本統治下の台湾における最大の産業へと急速に発展させた。

一方、米については、清朝時代までにすでに主要農産物であったが、台湾で在来種の米は小粒で長細いインディカ米であって、日本人好みのふっくらと粘り気のあるジャポニカ米とは異なっていた。そこで品種改良を進めたところ、台中の農業試験場において、研究者である磯栄吉と技術者の末永仁（めぐむ）というコンビの手で、一九二七年に「蓬莱米（ほうらいまい）」が誕生した。日本人好みのうるち米で、病気に強く収穫量が多い。この米の誕生と台湾全土への普及以降、台湾から日本内地への米の移出が急速に増大した。

他方、米の増産のために田畑の水利事業が進められたが、一九三〇年の八田與一技師の設計・施工による嘉南大圳（かなんたいしゅう）・烏頭山ダムの完成により、台湾の水田面積は飛躍的に増大した。実際、日本統治直後の水田面積は二〇・二万ヘクタールであったものが、一九三八年には五四・三万ヘクタールと二・七倍に拡大した。

ただし、日本統治の初期には茶と樟脳（しょうのう）も重要な商品で、一八九六年には、対外輸出割合では、茶が五一・四%、次いで樟脳が二一・五%であった。つまり、清朝時代の農業生産では、輸出できる主要産品は茶と樟脳だったのである。それが一九〇〇年になると茶の比率は三二・三%に低下し、樟脳は一五・六%で第三位に下がった。日本統治十年を経た一九〇五年、明治三十八年には、茶はまだ一位だったが二六・一%に低下し、二位の米が二四・三%、三位の砂糖が二四・二%となり、樟脳は一一・一%へと後退した。つまり、明治三十年代末までに、農産品の順位に変動が生じて、米と砂糖の生産・移出量が増加して、台湾の主力農産品が砂糖と米の時代に突入したということである。ここからも日本の農業政策として、砂糖と米の生産に積極的に精力を注いだことがわかる。

結果的に、明治末年から第二次世界大戦前まで、言い換えれば一九一〇年から一九三五年まで、台湾の主要輸出品として、砂糖と米の合計額は六〇%から七〇%を占めた。昭和九（一九二〇）年には七三・七%、昭和五（一九三〇）年は七四・八%で、昭和十（一九三五）年も七三・三%に達している。それらの主な輸出先は日本内地であった。

しかし昭和九（一九三四）年には米作の抑制策がとられ、農業多様化時代に入った。これによって、バナナの作付面積と輸出が本格的に伸び、パイナップル缶詰の輸出が開始されて、パイナップルの作付面積も急速に拡大した。これらの農産品は、日本の敗戦をまたいで、戦後の日台関係においても重要な役割を果たしていくことになる。

昭和七（一九三二）年と昭和十七（一九四二）年の作付面積を比べると、米は七%減少したが、バナナとパイナップルのほか、大麦、小麦、タバコ、菜種、黄麻、綿花、柑橘類などが二〇%から九〇〇％も増大して、農産品の多様化が進んだことがわかる。

また、日本による統治の始まりからこの時期までに、農業人口が急増していて、一八九九年の一六〇万人が、一九四〇年には三〇〇万人へとおよそ倍増した。これとともに、農業全体の生産量が増大していった。

（六）日本人資本の企業と台湾人資本の企業

その後、昭和六（一九三一）年に満州事変が勃発すると、台湾には農業基地としてだけではなく、日本の南進政策の拠点としての役割が与えられ、台湾での工業建設も進められるようになった。特に、昭和十一（一九三六）年九月に台湾総督に就任した小林躋造（こばやしせいぞう）は、昭和十四（一九三九）年五月十九日、台湾の「皇民化、工業化、南進基地化」という三項目の政策を打ち出した。

すでに述べたように、この時までに日月潭水力発電所が完成し、大量かつ廉価な電気の供給が可能となっていたため、金属工業、化学工業、機械器具工業、窯業などの新興工業が発展して、この年、一九三九年には、台湾で初めて工業生産額が農業生産額を上回った。ただし、工業のうち缶詰生産など農産品加工業については、原料生産も台湾農業によるものだから、これらの缶詰は農業生産額を内包しているため、工業そのものの付加価値額だけで計算すると、台湾の工業生産額は、まだ農業生産額には及ばなかっただろう。

ところで、日本統治時代の台湾の産業においては、主要な産業の多くは日本人が所有しており、台湾人が所有し、投資した企業などは少なかった。昭和四（一九二九）年の統計によると、株式会社の投資額で、農業は日本人が四三四・四万円に対して台湾人が四九六・二万円と大差ではないが台湾人が上回っていたが、工業においては日本人の一億八九四九・七万円に対して台湾人は一六七八・六万円と十倍以上の開きがあった。他方、商業においては日本人の二三一二・八万円に対して台湾人が二八〇八・二万円で、台湾人資本は流通業を中心に投資していたことが窺える。全体として、台湾の株式会社の四分の三は日本人の所有で、一九三八年から一九四一年の株式会社の資本の九七％が日本人所有だった。

他方、株式会社ではない小資本の投資については、台湾人経営の商業および工業が少なくなかった。例えば一九三八年度の台湾の機械工場の所有状況を見ると、原動機製造では台湾人が工場主の工場が十五であったのに対して日本人が工場主の工場は七、車輛製造業でも同じく三十一対十三、農業用機械器具や土木工具製造業でも十七対二と台湾人の工場が多かった。ただし、造船業などでは逆に日本人工場主が二十九で台湾人工場主の工場は六にとどまっていた。

こうした傾向からすれば、商業を中心にサービス産業は台湾人経営が多かったから、戦後もそのまま継続して、多くの雇用を創出し、労働力を引き付けることになった。

その後一九四一年になると、日本の南方政策として「農業は南洋、工業は台湾」という方針が決定された。しかしながら、第二次世界大戦も一九四三年になると、台湾在住の日本人、台湾人の若者のなかで志願兵あるいは徴兵として戦地に赴く者が増大する。それで台湾における労働力が減少した。

さらに一九四四年になると、台湾各地にアメリカ軍の爆撃が加えられるようになったため、農地が荒れ、工業設備や輸送設備が被害を被って、農業・工業生産ともに大幅に落ち込むことになった。

終戦の年、一九四五年のGNPは、明治末年、一九一〇年の数値近くにまで低下して、台湾経済は三十年以上後戻りした状態で終戦を迎えた。

（七）日本統治末期の台湾と同時期の中国の実情

戦後の台湾の経済発展について考えるとき、その出発点として日本による統治末期の台湾の経済状況を知っておく必要があるだろう。とりわけ、戦後の台湾を統治した中華民国、当時の中国の実情と比較をしておきたい。そこで、一九三〇年代末以後の台湾と中国の状況について、いくつかの視点から紹介しようと思う。

まず、電力の普及状況について比較する。昭和戦前期において、広大な中国ではなかなか全国に電力網がいきわたっていなかったのに対して、台湾では、一九三四年、すでに紹介したように、昭和九（一九三四）年に日月潭のダムと日月潭第一発電所が完成し、発電を開始することで、電力の安定供給が実現した。この発電所は一九四八年に大観水力発電所と改名したが、今日でも台湾全体の水力発電量の五六％を占めるといわれている。

こうした発電所の設置などによって、一九三六年当時、中国全体に対して人口ではわずか一・二％に過ぎなかった台湾が、発電量では二十三％に相当していた。言い換えると、一九四五年の人口一人当たりの台湾の平均電力量は、中国の五十倍であった。電力量は、近代的な産業や交通機関の普及状況などを反映するもので、人々の生活の近代化の程度を示す指標といっていいだろう。この点において、終戦のころの台湾と中国大陸は、五十対一の差があったということである。

また、農業生産と工業生産の比率を金額で表すと、昭和七（一九三二）年の台湾は、農業生産額六に対して工業生産額は四、つまり農業生産額が工業生産額の一・五倍という農業中心の経済であった。しかし、その後の五年間で工業化が進んで、昭和十二（一九三七）年には、この数値は五対五の対等の比率になっていた。

これに対して、昭和八（一九三三）年の中国では、農業生産額九・三に対して工業生産額は〇・七だったから、農業生産が工業生産の十三倍以上という、圧倒的に農業主導の経済状態であった。

次に、医療水準や食料事情、生活レベルが反映する平均寿命について比較すると、昭和十一（一九三六）年の日本は、男子が四十七歳、女子が五十歳であったのに対して、その四年後、一九四〇年の台湾では、男子四十一歳、女子四十六歳であって、台湾は日本内地より五歳前後も平均寿命が短かった。しかし中国大陸では、その二年後の一九四二年において、男子三十四歳、女子三十八歳であって、日本と比べると中国は男子で十三歳、女子は十二歳平均寿命が短く、台湾と比べても男子で七歳、女子で八歳の差で中国の平均寿命が短かった。それだけ、中国の衛生・医療環境が悪かったということである。

次に就学率について比較すると、一九四一年の台湾は初等教育の就学率が六一・六％だったが、終戦の一九四五年には八〇％に達していた。これに対して、中国大陸では一九四一年が四四％、四五年でも六一％であって、中国と台湾の就学率は、戦時中にもその差が一七・六％から一九％へと拡大していた。

以上のように、経済構造においても、社会生活水準においても、終戦時の台湾は中国大陸よりはるかに進んだ状況にあった。しかし、ポツダム宣言受諾の結果、台湾は自分たちより進んだ日本によって統治される状態から、自分たちよりはるかに遅れた社会状態の中華民国によって統治されることになったのである。

こうした背景を考えれば、四五年九月以後に、蔣介石指導下の中華民国軍が台湾に上陸し、進駐軍として統治を始めたとき、当初は漢人の祖国中国の統治回復を歓迎した台湾人たちが、半年、一年が経つと、中国人の立ち居振る舞いに違和感を抱き、幻滅するに至ったことは、むしろ当然の成り行きであった。

第二節　中華民国の台湾接収と国共内戦

（一）国共内戦による移民の流入と台湾経済の中国大陸との分断

一九四五年から四六年にかけての台湾では、戦災と日本人の内地への引き揚げによって、産業・経済一般の荒廃が起きた。また、一九四七年の二二八事件に代表される政治的不安定があり、悪性インフレの進行と、復興・建設資金の欠乏により、台湾は大きな経済的混乱を経験することになった。例えば、台北市の卸売物価は、一九四五年から一九四九年の四年間に三七〇〇倍に騰貴した。人々は貧しかったうえに、急激な物価上昇によって、一カ月のはじめと終わりで、通貨価値は何分の一かに下がっていたので、暮らしは楽ではなかった。

日中戦争の終結から半年ほど、つまり、一九四五年八月から一九四六年一月にかけて、蔣介石の国民党と、毛沢東の共産党の間で、何度かの話し合いがもたれた。時にはアメリカが仲介役を務め、双方に合意が成立したかに見えた時期もあったが、結局のところ、一九四六年春以後には、大陸中国全土は激しい国共内戦に突入してしまった。

当初は国民党軍が装備と兵員数で上回っていたが、間もなくソ連の支援を受けた共産党軍がこれを凌駕するようになり、一九四八年以後には華北から華中へと戦線が南下して、共産党の支配地域が拡大していった。これと反対に、国民党軍は各地で敗退を続け、有効支配地域が縮小した。

こうなると大陸中国から台湾へと大量の移民の流入が起きるので、共産党員と過剰人口の台湾への流入を防ぐため、国民党政府の台湾省警備総司令部は、一九四九年二月から港湾、河川及び海岸線を管制下に置き、台湾入境を予め許可した人以外の台湾への流入を一律禁止した。また、後で詳しく説明するが、六月十五日に台湾の通貨について、旧台幣を四万対一のデノミネーションを実施して新台幣に切り替えた。これによって、大陸と台湾とは通貨において完全に遮断された。

結局、中華民国にとって中国大陸での戦況は悪化の一途をたどり、国民政府軍は福建省厦門（アモイ）や、海南島、舟山諸島、四川省の一部などに追い詰められていく。こうして、四五年十月一日、北京で毛沢東が中国共産党による中華人民共和国の建国を宣言した。その後十二月七日に、四川省の成都に集まっていた国民党の政権中枢は、台湾への撤退を開始した。

本来、日本の敗戦とポツダム宣言受諾で、日本が撤退し、蔣介石の国民党中華民国が接収した後は、台湾は、日本に代わって中国大陸との経済的一体化が進むはずだった。しかし、こうした結びつきはわずか四年間で終わりを告げ、一九四九年末までには台湾経済は中国と完全に切断される結果になったのである。

これによって、台湾経済は、好むと好まざるとにかかわらず、台湾という一つの島を単位とする独立した小国経済の形成に向かわざるをえなくなった。

この時、台湾に移転した国民政府の軍人、官僚とその家族は百五十万人から二百万人に達したため、物資を消費する人口が急膨張して台湾経済は窮地に陥った。なお、この際に、五億から十億ドルの資金が台湾に運び込まれたともいわれている。しかし、国民党政府・軍の台湾移転は、そのまま膨大な中央政府維持費、軍事費、難民救済費を台湾経済に課すことになった。実際、その後の台湾では軍事費の負担が大きく、中央政府予算の八〇％、中央政府・省政府総予算の約五〇％に達するといわれたが、一九五六年から六一年の年平均で、国民総生産の一〇％に相当したとされる。

こうして、大陸各地から国民党政府・軍関係者が台湾へと移転した結果、一九四五年におよそ六〇〇万人だった台湾の人口は一九五〇年には八〇〇万人に増加した。それ以後、台湾は大きな戦争の当事者とならず、他地域から大量の移民流入はなかったが、人口増加率が高かったため、一九六〇年には人口が一一〇〇万人に達した。

さて、一九五〇年六月二十五日に朝鮮戦争が勃発すると、アメリカのトルーマン大統領が台湾海峡中立化を宣言して、海峡を完全に遮断した。これによって大陸中国と台湾とは完全に断絶された。他方、台湾には、アメリカから軍事援助と経済援助がもたらされることになった。

この経済援助として、食料、綿花、医薬品、電力及び交通機関の修理に必要な部品など、機械設備が輸入された。援助には、水利灌漑設備の整備も含まれており、新しいダムが建設され、それが農業生産の拡大に役立った。さらに、アメリカの援助で、台湾に生産性本部が置かれ、行政、企業、技術等の要員の訓練も行われた。

ところでこれとは別に、戦後の台湾経済にとって重要だったのは、通貨改革である。この経過は後の節でくわしく述べるが、一九四九年六月に、旧台湾ドルから新台湾ドルへの貨幣改革が行われたことにより、台湾の資産は額面上では大幅に縮小したが、悪性インフレの抑止には大きな効果があった。インフレ収束には、アメリカからの生活必需品の輸入も大きく貢献した。合わせて、アメリカとの直接の輸出入取引が可能となったことで、台湾経済が国際経済に直結することにもなった。

（二）中華民国による日本資産の接収

すでに述べたように一九三九年以後、日本統治下の台湾で、ある程度の工業化が進んでいたが、戦争による被害も大きく、戦争前までに達成された工業化の水準が戦後復興の出発点となったわけではなかった。

一九四五年に国民党軍が台湾に上陸すると、日本軍の武装解除を進めただけではなく、主要な日本企業を接収した。このとき、八六〇の企業体を「日産」として接収した。そのうち八五についてはもともと台湾人資本が過半数を占めていたので、原則的に台湾の民間に払い下げることとした。残りの七七五については、三九九を公営化し、三七六が売却された。

このうち公営企業となったものは、金融・保険・石油・電力・アルミニウム・製糖・化学肥料・造船・機械・セメント・製紙などの大企業が中心で、その他、中小の農林業と鉱工業があった。そのうちセメント・製紙・農林・鉱工業については、後で述べる「耕者有其田」のときに、株券が土地債券と合わせて土地代金として地主に支払われた。

以上の経過によって、戦後すぐに一部の日本企業が台湾の土着の人びとの手に渡ったのだが、このほか土地改革政策を介して、戦前の日本人経営の中小企業は台湾人の元地主の所有する民間企業となった。あるいは、終戦直後に日本人が内地に引き揚げるとき、企業の一部を譲り受けた台湾人が、それを元に経営を拡大したり、あるいは元地主が土地債券を売却して得た資金などを元にして中小企業の経営に乗り出すこともあった。

したがって、日産接収によって大企業は公営企業となり、大陸から台湾に移転してきた国民党関係者が経営することになった一方で、中小企業の多くは台湾人の経営になったので、台湾産業の官民二重構造が生まれることになった。

例えば、日本統治時代の銀行は中華民国による接収の際に、台湾銀行、台湾儲畜銀行、三和銀行は台湾銀行に、日本勧業銀行は台湾土地銀行に、台湾商工銀行は台湾第一商業銀行に、華南銀行は華南商業銀行に、彰化銀行は彰化商業銀行になったが、これらはいずれも台湾省営の公営企業になった。

また、千代田生命、第一生命、帝国生命、日本生命、明治生命、野村生命、安田生命、住友生命、三井生命とその他の五生命保険会社は、省営の台湾人寿保険股份有限公司一社にまとめられた。同様に、大成海上火災、東京海上火災、同和海上火災など合計十五の火災保険会社は、省営の台湾産物保険股份有限公司という一つの会社になった。

さらに日本海軍第六燃料廠、日本石油、帝国石油などの石油、天然ガス企業は統合されて、国営の中国石油股份有限公司となった。日本アルミニウム、台湾電力などはそれぞれ国営企業に、大日本精糖、台湾製糖、明治製糖、塩水港精糖の四製糖会社は合併して、国営の台湾糖業公司に、台湾電化、台湾肥料、台湾有機合成の三社は一社にまとめられて、同じく国営の台湾肥料公司となった。

さらに塩製造、造船などの企業は、いずれも国営企業になった。

他方、酒、たばこの専売局、樟脳、セメント、紙業、農林、鉱工業関係は、それぞれ省営企業となった。

このように日本から接収した企業のほかに、中国大陸から移転した中央銀行や中国銀行（後の中国国際商業銀行）なども国営企業となった。

そして台湾に移転してしばらくの中華民国においては、各組織、企業の幹部は大陸から台湾に移転した国民党政府とその関係者が幹部職を独占したから、以上の企業再編状況を概説的に述べれば、基幹産業部門の大企業は、中国大陸から台湾に移転してきた国民党政府および軍関係者の手に収まったといえる。

一九五四年の統計では、公営企業は五二社、企業全体の三・一%だけだったが、資本額では四〇・四%に及び、これ以外の民間企業は一六四九社、全企業の九六・九%に相当したが、資本額では六〇%弱だった。ただし、この統計には四万社といわれる零細企業は含んでいない。

この構造は長期にわたって継続することになり、国民党一党支配が終り、政治的にも民主化が緒についた一九九三年に至っても台湾企業の売り上げでは、一位中国石油、二位台湾電力、三位郵政儲金匯業局、四位交通部電信総局、五位台湾省菸酒公売局、七位中国鋼鉄、九位栄民工程事業管理処であって、公営企業が上位十社中の七社を占めていた。

(三) 終戦直後の日台関係

終戦後の日本人については、一九四五年十月二十五日の台北での受降式の後、武装解除された日本軍人がまず優先的に日本に引き揚げることになった。その後、台湾在住の日本人は、原則として日本本土に引き揚げていった。まず、四六年二月二十一日から四月二十九日までの第一次帰還で、およそ二十八万四千人が基隆、高雄、花蓮のいずれかの港から日本へと帰郷した。

ただし、教育、研究、専売、電力、糖業、各種産業、農林水産、鉄道、港湾の各分野の関係者で、中華民国の戦後体制をスタートするのに役立つと判断された日本人は、「留用」と称して台湾での職務継続を求められた。しかしその後、四六年十月から十二月には、そのうち一万八千人余りが日本に帰る、第二次帰還が実施された。

その後も、一九四七年の時点でまだ九〇〇〇人余りが留用され、その家族を含めると三千三百人ほどが台湾に残っていた。これらの人々を対象に、一九四七年五月、四八年五月と十二月に、いずれも「海王丸」で第五次までの引揚が実施された。最終的には四九年八月に、第六次帰還として、二三九人が佐世保港に上陸した。これで政府レベルでの帰還事業は終了した。

しかしその後も、農業研究の専門家で台湾の蓬莱米の父といわれた磯永吉のほか、松本巍と高坂知武が台湾大学に残って研究を継続していた。結局、磯永吉が日本に戻ったのはサンフランシスコ講和で、日本が独立を回復してからさらに五年後の一九五七（昭和三十二）年となった。なお、磯永吉は、帰国前の八月十四日に中華民国政府から景星勲章を授与され、それに加えて台湾省議会の決議によって帰国後も終生、毎年米二十俵が台湾から贈呈されることになった。

さて、一九四五年九月二日に降伏文書に調印した日本では、一九四七年八月十五日に至るまで、対外貿易が、連合国軍最高司令官総司令部（GHQ）による全面的かつ直接的な貿易管理の下におかれた。つまり、すべての商品の輸出入について、総司令部の事前承認が必要とされたのだが、実は、輸出入取引については、日本の貿易関連企業ではなく連合国軍最高司令部が実施しており、このうち輸入物資については、日本の港に入ってきたものを日本政府機関が引き取って、それから日本国内の業者に引き渡すという制度だった。つまり、敗戦国日本では、日本の企業が外国の企業その他と直接に輸出入取引をすることは認められていなかった。

しかし一九四七年八月十五日以後になると、日本の対外貿易が制限付きで民間貿易に移行した。それでもこの時点では、実質的な緩和には至らず、一年後の四八年八月から徐々に緩和され、正式には一九四九年十二月一日に、外国為替及び外国貿易管理法が制定されて、まず輸出取引が民間に移行することになった。これに引き続いて、翌一九五〇年一月一日から、ようやく輸入取引も民間に移行された。

この間、台湾においても日本においてもたいへんなインフレで物価騰貴が続いていた。一九三四年から三六年の卸売物価を基準にすると、一九四九年までに約二二〇倍、一九四五年ベースで計算しても約七〇倍のインフレであった。しかし、四八年半ば以降はインフレが鎮静化してきて、一九四九年の通貨発行量は縮小された。以上の情勢からすれば、一九四八年までの日本では通常の輸出入取引が困難であったことがわかる。

その頃の、日本と台湾の間の貿易について統計数字を見てみよう。

一九四九年の日本の台湾からの輸入は二千万ドルを超えたが、翌五〇年には四千万ドル弱、五一年には五千万ドル超、そして五二年には六千万ドル超へと順調に拡大した。この間、日本の台湾への輸出は、四九年が千万ドル弱、五〇年に四千万ドル弱、五一年に五千万ドル、五二年に六千万ドルほどで、こちらも順調に拡大したが、この間の特徴は一貫して日本の輸入超過であることだった。

ところで、この間の東アジア情勢を考えると、一九四九年は国共内戦の終盤の時期で、中華民国国民政府軍は敗退を続け、すでに述べたように十月一日には北京で毛沢東が中華人民共和国の建国を宣言、さらに年末の十二月七日には、蔣介石をはじめ中華民国政府そのものが四川省の成都を離れて台湾に移転した。さらに一九五〇年は、六月二十五日に北朝鮮軍が電撃的に韓国に侵攻、朝鮮戦争が開始され、間もなく国連軍が結成されて朝鮮半島を舞台に大規模な戦闘が継続した。

他方、朝鮮戦争勃発により、台湾海峡にアメリカ軍が介入して海峡の中立化を図り、他方で中国共産党は朝鮮戦争への介入に向けて台湾対岸の福建省などから軍隊を朝鮮半島北方に集結させたため、台湾の中華民国政権にとっては、対岸から台湾に向けて上陸作戦が実施されるという切迫した危機が薄まり、態勢立て直しを図る余地が生まれることになった。

日台間の貿易については、国共内戦の最終盤にあたる一九四九年には、GHQの管理の下で輸出入がともに再開された。さらに、一九五〇年の半ば以後、アメリカによる台湾海峡中立化と、アメリカ軍の中華民国支援が実施される中で、輸出入がさらに拡大していった。

そしてそれに続く一九五二年に、台湾における主要農工業生産額が戦前の水準を回復した。

第三節　台湾の通貨の歴史

(一) 国家主権のシンボルとしての通貨

世界の歴史においては、それまで他国あるいは敵国であった領土、領域を新しく自分の国の支配下に組み入れるとき、支配階層、統治構造と国家のシンボルなどの入れ替えが行われる。勝利者が支配者として敗戦国に君臨し、政治、行政、経済の主要なポストを独占するだけではなく、皇帝、国王の血脈、つまり王朝の交代が起きることも普通である。さらに、皇帝専制か立憲君主制か、もしくは大統領の共和制か、といった国家統治構造の変更が行われることもある。

もう一つ、新たな領土、領域において重要な変更は、通貨、国歌、国旗の入れ替えである。戦争の結果として支配者が変われば、国歌や国旗が変えられるということについては、改めて説明するまでもないだろう。

このほか通常、新しい支配者は、新たに獲得した領土、領域において、それまで日常的に流通していた通貨を否定して、新たな紙幣、貨幣の使用を強制するものである。特に紙幣には、その地域の支配者、たいていは皇帝もしくは国王、あるいはその国の歴史上の偉人の肖像画がデザインされ、あるいはその国の文化や歴史を象徴する建築物や自然景観が描かれているので、新たな支配者は、敗戦国の紙幣の流通継続を許すわけにはいかないのである。

つまり、敗戦国・地域では、勝利した新たな支配者の肖像、あるいはその国の現在もしくは歴史上の皇帝、国王、偉人の肖像が描かれた紙幣が流通することになる。あるいは貨幣、コインについても、新しい支配者の肖像や建造物、自然景観を象徴する貨幣に置き換えられる。

例えば、今日の日本の紙幣には、福沢諭吉や樋口一葉、野口英世、あるいは二〇二四年以後の紙幣には渋沢栄一、津田梅子と北里柴三郎という、近代日本を代表する人物の肖像が描かれている。さらには宇治平等院鳳凰堂や富士山と桜など、日本を象徴する建造物や景観もデザインとして採用されている。万が一にも日本が他国に支配される事態が起きれば、新たな支配者は、これらの紙幣を使い続けることを認めるはずがない。きっと、その国の歴史上の英雄や皇帝の肖像画、そして日本ではなくその国の建造物や世界遺産をデザインした紙幣に、急ぎ入れ替えるだろう。

そもそも通貨というのは、国旗・国歌とならんで、主権国家、統治権を示す国家のシンボルなのである。

通貨の入れ替えは、軍事占領によって新たな領土を得た場合、正式に新通貨、紙幣に入れ替える準備に時間がかかるなら、占領軍が「軍票」を発行して、それをもって暫定的な紙幣とすることも珍しくない。

一九四五年の日本の敗戦時にも、連合国には日本の紙幣を入れ替えさせるという議論があった。しかし、このとき連合国は、日本政府を解体せずに維持し、連合国の意に沿うよう、日本政府を完全コントロールするという方針だった。それで、紙幣については、従来のものの流通を継続させることになった。

しかしながら沖縄は、六月二十三日にアメリカ軍が実効支配する領域となって、それから一カ月余を経てから終戦になった。そこでアメリカ軍は、直接統治、軍政を布いて、そこでは日本円を廃止して、アメリカ軍が軍票（B票）を発行して通貨とした。それから十年余りを経た後、一九五八年にこのB票をアメリカのドル紙幣に置き換えた。こうして沖縄は、アメリカの直接支配下におかれる米ドル地帯となった。

それから十四年、敗戦から二十七年を経た一九七二年、昭和四十二年五月十五日に沖縄の施政権が日本に返還された。このとき、当然のことながら、米ドルは日本円に置き換えられ、沖縄は米ドルから日本円の通貨圏に戻された。

「通貨」というのはこのような性質のものである。

(二) 清朝末期の通貨状態と台湾銀行券の発行

さて、時をさかのぼって清朝末期の台湾を日本が領有することになった時の話である。

清朝統治下の台湾は、前近代的な通貨、金融の状態にあった。そもそも台湾を含む清国全体で、銀貨と銅貨が統一的な通貨として発行、流通していたが、これは重くて携帯が不便だから、銀貨・銅貨と交換できる紙幣として「銭票」が用いられた。これには、清国政府が発行する、高額用で銀貨と交換できる「戸部官票」五種類と、少額用で銅貨と交換できる「大清宝鈔」七種類があった。

これだけなら良いのだが、実際には、このほかに穀物店・酒屋・雑貨屋・銭荘などが銀貨や銅貨の預かり証として「銭票」を発行していた。こうした「銭票」は紙幣として流通したが、その流通・使用は、県を基本単位とする狭い地域内に限られていた。このため、実際にはいろいろな発行主体の「銭票」が地域ごとに流通しており、街や村の市場、つまり鎮市などの市場においては、こうした地域毎の「銭票」が使われていた。

以上のとおり、台湾の中だけでも各地で多様な紙幣が用いられていたので、一八九五年に日本が台湾の統治を始めようとしたとき、台湾で流通していた紙幣は二百種類に達していたといわれている。

これに対して台湾総督府は、近代的な金融、通貨システムを定着させるために、台湾に日本の通貨、紙幣制度をどのようにして導入するか検討しなければならなかった。当初は、日本の軍、行政が用いるために内地から日本銀行券を持ち込んだが、これは台湾の人々の間で流通するものではなかった。

そこで台湾に近代的な金融、紙幣制度を確立するために、明治三十（一八九七）年に帝国議会が、台湾のために特別な銀行の設立を認める「台湾銀行法」を成立させ、この銀行が台湾で流通する新たな紙幣を発行することにした。実際には明治三十二（一八九九）年、児玉源太郎総督、後藤新平民政長官のコンビによる台湾統治の二年目に台湾銀行が営業を開始し、「台湾銀行券」を発行するようになった。これ以後、「台湾銀行券」は民間でも流通するようになって、七、八年を経て明治四十年ころまでには台湾の紙幣は統一された。

ところで、このときに日本政府も台湾総督府も、日本銀行台湾支店の業務拡大で日本銀行券に統一するという選択肢はなかったのだろうか。台湾が日本の一部になったということは、日本銀行券を台湾で流通させることで台湾の人びとに明確に示せるはずである。

しかし、当時の台湾の社会状態は日本の国内状況とはかけ離れていた。台湾のほとんどの人々は日本語を理解せず、日本の法律も経済、金融の制度、慣行にもなじんでいなかった。統治者が清国から日本の台湾総督府に代わったからといって、台湾庶民の日常生活が一夜にして日本化したわけではない。しかも、伝染病が蔓延し、匪賊が横行し、アヘンの吸引が浸透しており、原住民地区には行政権がなかなか及ばなかった。台湾は、政治、経済、社会ともに不安定であり、商品の生産、流通も物価も不安定、不規則でリスクが大きかった。このため、金利が日本国内より三倍以上も高かった。商取引の仕組みも旧制度が横行していた台湾で、金利が三倍も違えば、台湾と日本を日本銀行券で統一することは不可能だった。

そういうわけで、台湾では日本銀行券とは別の台湾銀行券の流通が図られ、台湾独自の通貨圏を実現することになった。日本の内地と台湾とで金利差がほぼ解消されたのは昭和十二（一九三七）年、日本統治四十年以上を経たころのことであった。このころになると、台湾の人々の生活のなかに日本式の近代的な経営、商慣習も浸透し、学校教育が普及して日本語での生活が一般化し、地方選挙も実施された。だから、あるいは台湾銀行券の日本銀行券との統合を検討する余地があったかもしれない。

しかしながら、昭和十二年といえば、この年の七月に盧溝橋事件が勃発して、日中戦争が開始したときである。日本が戦時体制に移行しつつあり、翌年には国家総動員法が施行されている。また、台湾銀行の支店が厦門、汕頭、香港、さらには福州、泉州、大連、マニラ、シンガポールなどに設けられていた。台湾は日本の南方進出の拠点に位置付けられ、中国大陸をはじめとしてアジア各地との取引を台湾銀行が行っていた。したがって、実際には台湾銀行券の日本銀行券への統合という大事業は困難であり、日本国内は日本銀行券、台湾では台湾銀行券という状態のまま、昭和二十年の日本の敗戦の時を迎えることになったのである。

(三) 中華民国の台湾接収準備と通貨政策

一方、中華民国政府は、終戦後の台湾統治についてどのような準備をしていたのだろうか。日本にとって太平洋戦争の戦況が悪化の一途をたどっていた昭和十九（一九四四）年には、中華民国国民政府は、来るべき抗日戦争勝利の日を想定し、台湾統治の準備を開始した。

すなわち、昭和十九年四月十七日、中華民国政府は中央設計局に台湾調査委員会を設立して、この委員会によって台湾接管計画要綱、つまり台湾を接収する計画の骨子を策定することにした。また、実際に台湾を統治するには、それなりの人数の行政担当者が必要になるから、台湾の行政幹部を養成するために台湾行政幹部訓練班をつくった。

また、日本の警察を廃止したあとに台湾の治安を守るために、新たな警察を作ることが必要になる。このための台湾警察幹部の講習班もスタートさせた。これとは別に福建省にも台湾警察幹部訓練班を設けて、台湾支配にあたる人材の育成を図った。

このように行政や治安の要員を準備して、教育を施していただけではなく、台湾を支配するとなれば経済、金融を掌握しなければならない。それゆえ、そのための組織、道具立ての準備として、中華民国の国営銀行である中央銀行、中国銀行、交通銀行及び農民銀行の四行について合同の管理事業所を立ち上げるとともに、台湾に派遣される銀行員の訓練や銀行業務開設の準備を進めた。

すでに述べたように、通貨は国旗と国歌とともに領土支配のシンボルである。だから、国民党政府が新たに台湾を領有し、中華民国の施政下に置こうとする以上、台湾で流通する通貨を日本の紙幣から中華民国の通貨に置き換える準備をしなければならない。実際、中華民国中央設計局としては、中央銀行によって台湾の地名を印刷した「法幣」を発行する方針であった。というのは、当時の中華民国では、各地の地名を付した「法幣」を通貨として用いていたからである。

そうして中華民国による台湾統治が始まった際に、それまで台湾で流通していた日本の台湾銀行券と中華民国の法幣の両替率（兌換率）を定めて、一定の期間を「兌換期間」とし、その間に台湾銀行券から法幣への入れ替えを進め、その期間終了をもって台湾の通貨を中華民国の法幣に統一するという計画だった。

このために中華民国としては台湾用の紙幣発券のための準備金を中央銀行に設けるが、それで不足する分は日本から賠償金を獲得してこれを引き当てに法幣を発行しようという方針だった。この当時の中華民国財政部長兼中央銀行総裁であった兪鴻鈞は、このように中央銀行による台湾通貨の統合を進めることを希望していた。

そして四五年八月に日本がポツダム宣言を受諾し、九月二日、戦艦ミズーリの艦上での降伏文書調印式を経て、十月二十五日に台北公会堂で台湾の日本軍・総督府の受降式が実施されたが、この後、台湾の通貨については事前の予定通りに進まなかった。

すなわち、台湾省行政長官兼警備総司令に任じられた陳儀は、台湾における終戦前後からの急速なインフレ昂進と中国大陸の金融事情の不安定さとから、日本統治下の台湾で用いられていた台湾銀行券と、中華民国の法幣との兌換率、つまり両替の比率決定が極めて困難であることに困惑した。また、通貨は日常生活に密接に関わる問題であるだけに、通貨統合に失敗して混乱を招いた場合、台湾の人びとが中華民国の台湾統治に深い不信感を抱くことを憂慮した。そうなれば、その後の台湾統治が困難になるかもしれない。このため悩んだ挙句、台湾省行政長官公署は、十月三十一日に「台湾省当地銀行鈔票及金融機関処理弁法」を発出した。これは、当面の間、従来の通貨、すなわち台湾銀行券の発行・流通を維持するというものであった。

結局、この決定を中央政府も追認した。

（四）独立した台湾通貨圏の維持継続

少し煩雑になるが事実経過を説明すると、昭和二十年七月以後の台湾では、高度のインフレで物の値段が急に上がっていくため、商品の売買の際に支払いに大量の紙幣が必要になった。いわゆる通貨膨張のために、支払いに使う台湾銀行券が不足したので、一〇〇〇円の日本銀行券を台湾に持ち込んで、これに台湾銀行が背書きして、八月十九日から台湾での流通を認めるという事態となっていた。

そのころのインフレ率は、前の年の同じ月と比べると七月には三十一・四八％の上昇だったが、八月になると五・五四倍、九月には十二・五二倍、十月には十四・二二倍となった。これほど急速に物価が上昇を続けていては、中華民国の台湾省行政長官公署が、法幣と台湾銀行券の兌換率を簡単には決められない状況もわかると思う。

ところで、台湾銀行券は日本内地の紙幣とは別であるし、幸いなことに当時の台湾銀行券には日本人の肖像がなく、日本内地の建造物も描かれていなかった。台湾省行政長官公署が、日本の敗戦後にも台湾銀行券の流通を認めるには、これは好都合だっただろう。

他方、昭和二十年八月から台湾でも流通を認めた「日本銀行券」については、中華民国統治下の台湾で使わせるわけにはいかない。それゆえ、「台湾省行政長官公署処理省内日本銀行兌換券及臺灣銀行背書之日本銀行券兌換弁法」という恐ろしく長い名前の法令を発出して、日本銀行券については十一月八日から市中での流通を停止することにした。

実際には、予定とおりに処理が進まず、停止期限は十一月三十日にまで延期された。

いずれにしても、台湾銀行発行の「台湾銀行券」の方は、中華民国統治下の台湾においてもそのまま紙幣として発行・流通することになった。インフレのため、むしろ新たな紙幣を増刷しながらの流通継続となった。

しかし、いくら「台湾銀行券」であるとはいえ、日本がつくった台湾銀行とその紙幣を、中華民国がそのままいつまでも継続使用するわけにもいかず、台湾銀行そのものも改組することとして、一九四六年五月六日に、「旧台湾銀行総行及各分支機構、均応於五月二十日同時分別接収改組、正式成立開業、希即遵弁」という訓令を発した。これにより、五月二十日から台湾銀行を中華民国の銀行として改組し、新たな頭取として張武を任命した。この新台湾銀行が、五月二十二日、全く新しいデザインの一円、五円、十円の紙幣の発券を開始した。日本時代の紙幣は「臺灣銀行」と旧漢字で印刷されていたが、これ以後の紙幣は「台湾銀行」と文字が改められた。

中印版壹元券
35.5.22 發行
130X70 公厘

中印版伍元券
35.5.22 發行
135X73 公厘

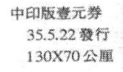

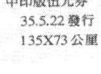

中印版拾元券
35.5.22 發行
141X76 公厘

5月22日に発券を開始した紙幣（旧台幣）

新しい台湾銀行券は、今では「旧台幣」と呼ばれている。その一円札の表面中央には孫文の肖像があり、左に台湾銀行のビルが描かれ、右には「壱圓」の文字があり、裏面中央には台湾の景色、その両サイドにアラビア数字で「1」という数字がデザイン化されて記されている。なお五円、十円紙幣もデザインは同じで、数字が異なるだけだった。ただし一円札と十円札は藍色、五円札と十円札は赤色であった。

その後、インフレの継続で、物価が高騰するために、支払い時の必要性から、より高額の紙幣が発券されるようになった。まず、四六年九月一日には五十円と百円の紙幣が発券された。これらのデザインは、既存の低額紙幣とほぼ同様で、裏面に「50」「100」というアラビア数字がくっきりと印刷されている。お札の印刷色はそれぞれ微妙に異なっている。

さらにそれから一年半後の四八年五月十七日には、新たに五百円と千円の紙幣が登場した。五百円は赤、千円は藍色であったが、紙面デザインは変わっていない。同年十二月十一日、今度は一万円札が登場した。

（五）四万対一のデノミネーション

周知のとおり、今日の台湾では千元紙幣が最高額だから、当時の一万円札は、台湾の歴史上もっとも高額の紙幣ということになる。

ところで、台湾のインフレ上昇率は四八年秋ごろには落ち着きを見せ始めたので、これを機にデノミネーションを実施して、インフレの終息を図ることになる。デノミ前の四九年当時の物価として、米一斗、約八・三キロが二十四万五千円、肉約六百グラムが七万五千円、卵一個七千二百円だったという記録がある。また、一日に数回も物価が上がったため、ある時の食事代が、食事を注文したときに十二万円だったものが、支払いの時にはすでに二十万円に変わっていたという逸話もある。真偽は不明である。

そこで台湾では、台湾銀行券を四万対一で、新しい通貨に切り替えるデノミネーションを実施した。こうすれば二十万円の食事が五円になる。二十四万五千円の米は、六・一二五円、七千二百円の卵が〇・

一八円になる。これによって、異常な高額の価格が是正されるが、その代わりに、一円以下の単位の紙幣が必要になる。

さて四九年六月十五日に、この通貨切り下げが実施された。その際に、一円紙幣のほかに十分の一円にあたる一角、百分の一円の一分の紙幣も作られた。さらに、五角と五分の紙幣も発行された。この時の紙幣を、デノミ前の「旧台幣」と区別して、「新台幣」と呼んでおり、日本では「新台湾ドル」と称している。今日の台湾で流通している通貨、紙幣は、この「新台幣」である。

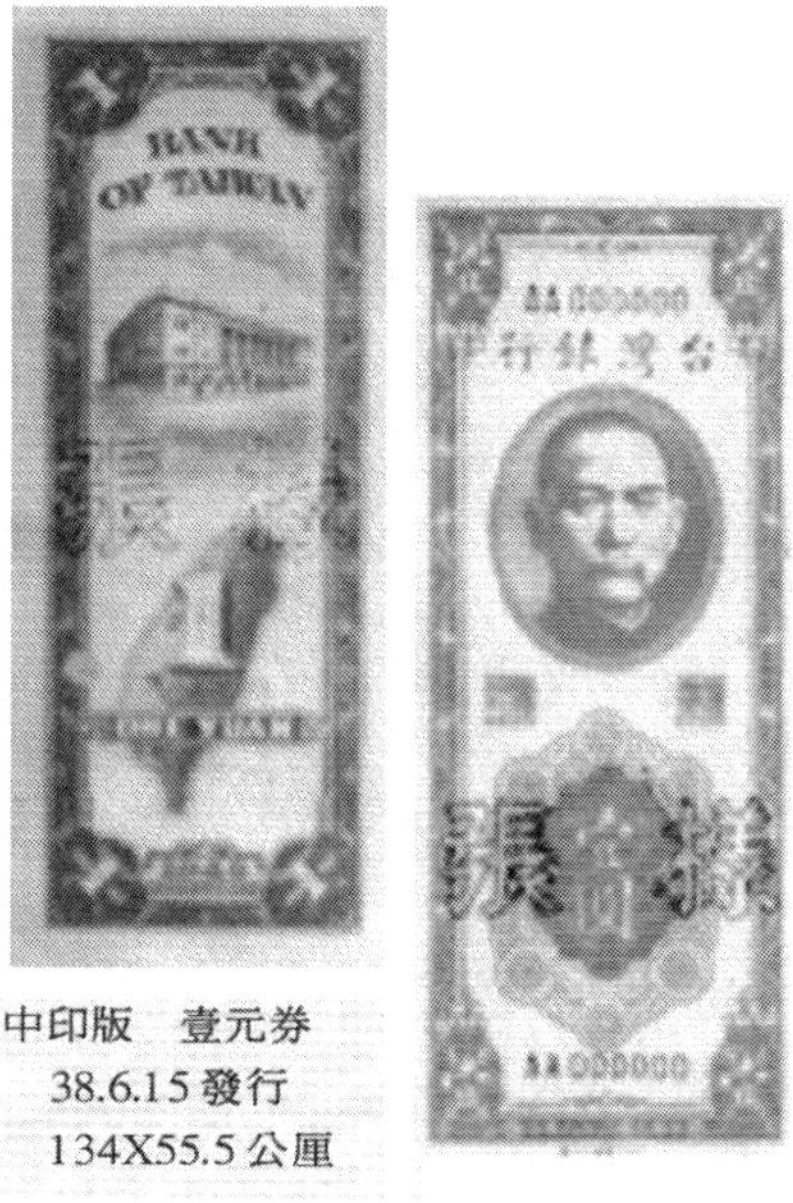

縦長の紙幣

ところで、四万対一の通貨切り下げは大きな決断であったが、このとき、紙幣のデザインにも特筆すべき大きな変化があった。というのは、それまでの台湾銀行券は横長の長方形、日本円をはじめ世界の主要通貨のほとんどすべてが採用しているのと同じ規格であったが、「新台幣」の紙幣は、縦長の長方形を採用したのである。しかも、表は紅色で、裏面が淡藍色という、裏表異なる二色刷りの紙幣であった。表面は中央に孫文の肖像、その下に「壱圓」と縦書きで記しており、裏面は、「BANK

華二版　壹仟元券
75.6.16發行
170X75

横長に戻された紙幣

OF TAIWAN」の下に台湾銀行の写真、そして下半分に台湾本島の図柄を入れ、それに重ねて「1」「ONE YUAN」と表示している。一円のほかに五円と十円の紙幣も発行された。

なお、五円紙幣も表面が緑色で裏面は桔黄色（うこん色）、十円紙幣は表面が藍色で裏面が棕色（茶褐色、とび色）の二色刷りであった。

「一円」以下の角、分の紙幣も縦長の長方形で、こちらは台湾銀行の表現によると、一分が靛藍色（インディゴ色）、五分が棕色、一角が翠緑色（みどり色）、五角が桔色（オレンジ色）で、これは裏表同色であった。表面、裏面のデザインはほぼ一円と同様である。

新台幣の時代になると、インフレが収束したこともあり、わずか数年で次々に高額紙幣が発行されることはなかった。五十円と百円の紙幣が発行されたのは十二年後の一九六一年で、このときには同時に紙幣の形が縦長から横長に戻され、これ以後はすべて一般的な横長の紙幣となる。また、五百円と千円紙幣は一九八〇年になってから発行された。そしてこの五百円、千円紙幣から、孫文に代えて蔣介石の肖像が登場した。蔣介石が逝去してから五年後のことである。

なお、新台幣は、台湾銀行が発券銀行だったが、二〇〇〇年七月一日に、中央銀行発行新台幣弁法によって台湾銀行による発券を停止し、中央銀行が発券銀行となった。これによって七月三日から新しい紙幣の発行が始まるとともに、従来の台湾銀行発行の紙幣は二〇〇二年七月一日から順次流通が停止された。

(六)「地名券」の発行

新台幣について、もう一つの特記事項は、「地名券」が発行されていたことである。今日の中華民国政府の実効統治範囲は決して広大とはいえない。メインの台湾本島は日本の九州より一回り小さい三万六千平方キロメートルだが、実は、台湾省以外に福建省に属する中国大陸沿岸のいくつかの島嶼も中華民国が支配している。厦門から数キロの金門島及び小金門島（金門県）と、それよりずっと北、台北から北西二百キロほどの馬祖列島（連江県）である。

今日、金門県の人口は登録上およそ十四万人だが、常住人口は五万六千人ほどであり、あとは出稼ぎ等で県外に居住しているらしい。他方、馬祖列島の連江県は、戸籍上の人口は一万四千人ほどで、そのうち常住人口が一万二千人ほどということである。

その金門島では、一九五二年に一角、五角と一円、十円の金門島限定流通の紙幣が発行された。その後、五六年に五円が、六七年に五十円、七五年に百円、八六年に五百円と千円の紙幣も発行された。これらは、二〇〇〇年七月一日に、台湾銀行券にかえて中央銀行が発券銀行になったことを契機として、順次流通が停止された。

また、連江県でも、馬祖地名券として一九五九年十一月から馬祖島限定の一円、五円、十円紙幣が発行、流通された。六七年には五十円、七五年には百円、八六年には五百円と千円紙幣も発行された。これも二〇〇〇年以後に流通が順次停止されている。なお、各種紙幣の発行開始時期が、金門地名券とは異なっているが、その理由は不明である。

さらに、今日では中華人民共和国の主権下にある大陳島でも地名券が出されていた。大陳島は、浙江省の海門港から五二キロの東シナ海に浮かぶ総面積十一平方キロほどの小さな列島である。この島は、一九四九年十二月から、蔣介石指導下の中華民国軍、官僚、その他が中国大陸から台湾に撤退した後も、しばらくの間、中華民国の支配下にあった。なお、その頃の大陳島（より正確には上大陳島と下大陳島の二つ）と漁山列島および南麂列島には、合わせて二万八千人ほどの居住者と、一万六千人ほどの中華民国軍関係者が住んでいた。

これらの人びとのために、一九五三年一月一日から、大陳島限定の一角、五角と一円、十円の紙幣が発行された。ただし、大陳島では、一九五五年二月八日から二十六日のわずかな期間に、島の居住者と軍関係者のすべてが、アメリカ軍の第七艦隊の護衛を得ながら台湾に撤退するという、史上まれな撤退作戦が実施され、中華民国の居住者がいなくなったため、台湾銀行券の流通が終了した。本当に狭い地域、少ない人口のために、わずか二年ほど存在した紙幣である。

以上、台湾における通貨、紙幣の歴史を振り返ってみると、台湾独自の通貨圏、紙幣圏は一八九九年の台湾銀行の設立、そして台湾銀行券の発行によって始まり、それが一九〇五年を過ぎるころにはほぼ定着して、日本統治が終了した一九四五年を超えて、一九四六年まで使用された。それからの三年間は、新たな台湾銀行による旧台幣が発行、流通した。

そして一九四九年六月の四万対一の通貨切り下げ、新台幣への切り替えは大きな転換であったが、大陸とは切り離された台湾通貨圏における台湾銀行券世界の維持ということは変わらず、基本構造は維持された。こうしてインフレ亢進が終息して、新台幣による通貨体制が安定したところに、一九四九年十二月から、国共内戦で敗退した中華民国国民政府が、軍官民もろとも台湾へ移転してきたのである。

この中華民国政府の台湾移転は、大陸の法幣世界を捨てて、台湾銀行券世界に移転するものであり、その後の混沌の大陸経済の台湾への影響をシャットアウトするものだった。これによって、事実上、中華民国が台湾だけに縮小しての国家統治のスタートが、通貨制度の混乱を伴うことなく行ないやすくなったといえる。

もし、一九四五年から台湾の通貨が「法幣」に変えられて、大陸と統合されていれば、つまり、大陸の中央銀行が台湾の通貨発行権をもち、台湾にその支店が置かれる状態になっていれば、政府の台湾への移転に伴う大陸経済、金融の混乱がそのまま台湾の経済、金融に反映して、大混乱となったのではないだろうか。

台湾と大陸中国との経済的断絶をさらに補強したのが、蒋介石政権の台湾移転から半年後、一九五〇年六月二十五日に始まった朝鮮戦争によって、アメリカが台湾海峡の中立化宣言を発し、アメリカ海軍がプレゼンスを示したことであり、これによって大陸中国と台湾との分断が固定化され。同時に、大陸からの人民解放軍による台湾侵攻が止められるとともに、海峡を越えた交流が長期にわたって停止されることになった。

以上のように、台湾が大陸とは別の通貨圏である状態は、一八九九年以来今日まで一貫して継続している。つまり、通貨における台湾の独立状態は、すでに一二四年の月日を刻んでいるのである。

第四節　戦後における台湾農業の発展経過

（一）国民党政権による農地改革の推進

国民党政府は、農地改革によって戦後台湾の農業に大きな影響を与えた。最初に、まず一九四九年四月、中国農村復興連合委員会委員の蒋夢麟による建議に基き，台湾省政府主席であった陳誠が「台湾省私有耕地租用辦法」を公布して、さらに一九五一年五月二十五日，立法院が「耕地三七五減租條例」を通過させて、六月七日の総統令をもっていわゆる三七五減租を施行した。

「三七五減租」というのは、それまで地主が、農民から収穫の五〇%を地租として徴収していたのを、これ以後三七・五%以下に切り下げさせるものだった。

さらに一九五一年六月、台湾移転後の国民党政府は、自作農創出を目的として「台湾省放領公有地扶植自作農実施辦法」を公布して、公有地と公営企業所有の土地を、実際に農業を行う農民に払い下げることにした。いわゆる「公地放領」である。その条件は①その土地の収穫物価格の二倍を払い下げの地価とする、②支払いは十年間の分割払いとする、③一年間に支払う地代は収穫の三七・五%以内とする、というものだった。

次いで一九五三年一月に「実施耕者有其田条例」を公布した。いわゆる「耕者有其田」政策である。これによって地主は、自分で耕作しない土地については、耕作する農民に移譲しなければならなくなった。この政策によると、①地主には保留地として三甲（一甲はおよそ九七〇〇平方メートル）と耕作地として六甲の土地の所有を認める、②地主の保留地以外はすべて政府が買い上げて、実際に耕作する農民に払い下げる、③地主からの土地買い上げ価格は、その土地の収穫物価格の二・五倍とする、④地主に支払う土地代金は七〇%を食米実物債券十年分とし、三〇%は公営企業の株券とする、⑤耕地を配給された農民は、収穫物を十年間政府に収める、というものであった。

これら一連の土地改革の政策には、地主が反抗してもおかしくなかったが、「二二八事件」以後、国民党政府による強権的政治が行き渡っていたので、特段の抵抗はなかった。また、「公地放領」の土地や、地主に支払われた公営事業の株は、もともと「敵産」の名目で日本人の手から接収した土地や企業のものだったので、国民党にとってはいわば「元手なし」で実施された政策ということになる。この種の「元手なし」の政策は、国民党政権に、安定と経済的利益をもたらした。政治的には①多数の農民が自作農に転換することにより、彼らが土地所有者となるとともに、国民党支持者を得ることもできた、②地主勢力の知識階級を無力化させたことで、反政府勢力を弱体化させた、③農民から食料を政府が調達することにより、大陸から台湾に移転した軍人、官僚、その家族に食料を提供することができた、といったメリットがあった。

これら一連の政策の台湾経済への影響を考えると、①地主への補償として、台湾セメント、台湾紙業、台湾鉱業、台湾農林という四つの公営企業の株を提供したが、その際に株を九倍発行して、株価を実質的に九分の一とし、各企業の三分の一の株は政府が保持することで、経営権は維持した、②地主を農業資本家から工業資本家に転化することで、工業化を促進させることになった、③農民の購買力が増加して、消費経済が活発化した、ことなどが指摘できる。

（二）米と化学肥料のバーター制度

ところで国民党政権は、以上のような農地改革で農民に恩恵を与える一方、これとは別に農民から収奪も行っていた。というのは、まず一九四五年十月に日本から台湾を接収した国民党政府は、それまでの台湾総督府と食糧営団を合併させて「台湾省食糧局」とした。その上で、軍と官僚とその家族の食糧を確保するために、またインフレによる損失を農民に転嫁するかたちで、一九四六年の第二四半期から、地租の物納を規定した。

一九四七年七月からは、政府による米の強制買い上げが始まったが、このときから市場価格の半額程度の価格で買いとった。

さらに、一九四八年九月から、化学肥料と米の交換制度を導入した。化学肥料は、公営の台湾肥料公司が独占製造し、行政院の中央信託局が独占販売したが、農民は化学肥料と米を重量において一対一の比率で交換するよう強制された。この不当な設定のため、農民は損失を被ることになったのである。例えば、一九五二年には一キロの米が一・九元で、化学肥料は一キロ〇・九元だったから、これを一対一で交換すれば農民は大きな損失を被ることになる。その後は、米と化学肥料の価格差が拡大して、一九六〇年には米四・一元に対して化学肥料一・五元が相場になっていたが、米と化学肥料の一対一による交換強制は継続した。

こうした不当な扱いにもかかわらず、一九五二年から一九六〇年の台湾農業は、年率にして三・九八％という高い成長率を記録した。このころの日本農業の成長率は三・七六％だったから、台湾農業の成長率の高さが窺える。

(三)　台湾農業の方向転換

なお、戦前から戦後にかけて台湾農業は大きな方向転換を経ることになるが、それは①米作の輸出向けから国内向けへの転換、②糖業の縮小、③農業多様化の進行、④農地改革による耕作者の地位の向上、⑤人口圧力による経営規模の零細化、などであった。

第一の米についての変化であるが、戦前の日本向けを中心とする輸出志向が、戦後に国内向けに転換したのは、台湾の米が減産したり日本への米輸出が忌避されたからではなく、台湾の人口急増によって国内消費量が増大して、輸出の余力がなくなったためだった。

一九三〇年代後半の台湾は、年間一三〇万トンの米を生産し、そのうち六〇から七〇万トンを日本その他に輸出していた。しかし、一九六〇年以降では二〇〇万トンを越える米を生産したが、輸出量は一〇万トン前後になった。それだけ国内消費が増大していたことになる。さらに、米の輸出量を上回る量のアメリカ余剰小麦を輸入し、東南アジアからも米を輸入していた。

第二の糖業の縮小は、日本という特恵市場を失って競争上不利な立場に立たされたこと、国内的には稲作の拡大と競合したほか、農業多様化による他の作物との競争に敗れたことによる。つまり、農業従事者が、サトウキビ生産より米その他の作物の生産に移行したためである。これには、農地改革が糖業には不利に機能していたことも否定できない。日本統治時代の台湾糖業は、最盛期の一九三八／三九年～一九四二／四三年のころには、作付面積が十五万ヘクタールで、砂糖生産量は一〇〇万トンであり、そのうち九〇万トン前後を輸出していた。それが一九六〇年代では作付面積九万ヘクタール、砂糖生産量は七〇～八〇万トンで、輸出は六〇～七〇万トンにまで落ち込んでしまった。

農地改革が糖業に不利に働いたというのは、台湾糖業公司が日本のいくつかの精糖会社から引き継いだ所有地十二万ヘクタールのうち、直営農場四・二万ヘクタールを除く貸付地が農民に解放されることになり、その多くがサトウキビ生産から米その他の作物の生産用地に転換してしまったことである。

これによるサトウキビ生産減を補うために、同公司は新耕地の開拓に努力したが、新たな耕地の多くは、元の耕地の周辺部に近い劣等地であり、耕作条件、収穫率が良くなかった。このように糖業は、いくつかの不利な条件があったにもかかわらず、その割には砂糖の生産量が落ちなかったのは、サトウキビ栽培・精糖の両部門を通じて生産性が戦前よりかなり高くなっていたためである。

第三に、農業の多様化は、日本統治下でも昭和に入ると始まっていたが、一九三四年以後には顕著になり、戦後にいたって最盛期を迎えた。

日本時代に多様化を促進した要因は軍部からの需要であり、軍が米や砂糖以外の熱帯性の農作物を求めたためであったが、戦後は国内人口の増大による需要があり、さらには海外からの需要が促進の要因となった。

例えば、一九五二年まではサツマイモ、小麦、大豆のような食糧作物と穀物、落花生、各種野菜などの国内市場向けの農産品が中心で、バナナやパイナップルのような輸出作物の地位は高くなかった。これに対して一九六五年になると国内向けの作物は大豆や落花生を除いておおむね低調となり、輸出需要に支えられた作物の伸びがそれにとって代わることになった。

つまり、アスパラガス、マッシュルーム、玉ねぎなどの輸出用作物を含む野菜の生産が増大した。さらに、バナナ、パイナップルが上昇傾向となった。

農業の多様化は、農産物の他に畜産物においてもみられた。台湾における食用畜産物の消費は、豚の他に鶏とあひるに集中しているが、これらの飼育数は、戦後に大幅に上昇したのである。

第四に、一九四九年から開始された一連の農地改革によって、台湾の耕作農民の地位が向上し、強化された。先述の米と肥料の不等交換など、マイナス要素も付随した農地改革ではあったが、農民の社会的地位を向上させ、経済状態もかなり改善させたことは事実だった。

日本統治下の一九三九年には、耕地のうち小作農地の割合が五六・三％に達していたが、一連の農地改革の結果として、一九五三年には一六・三％に激減していた。また、農家全体に占める自作農の割合は、一九三九年の三二・七％から一九六五年の六六・八％にまで高まっていた。

第五に、農家一戸当たりの耕地面積が、戦後、年を追うごとに低下を続けて、一九六〇年代後半には、戦前のほぼ半分になった。つまり、一九三六年当時は農家一戸平均で耕地面積が一・九八ヘクタールであって、当時の日本の内地の平均耕地面積のほぼ二倍であったものが、戦後の一九五一年には一・三二ヘクタールにまで低下し、さらに一九六五年には一・〇五ヘクタールになって、日本とほぼ同じになった。

このような経営規模の零細化は、台湾全土で耕地の拡大が限度にきているところに、農家戸数が急増したために生じた。これは、大陸からの移転ではなくて、人口増加による台湾人の農家戸数の増加によるものだった。

(四) 戦後の台湾農業の発展

戦後の台湾農業は、以上のような農業構造の大きな転換を伴いながら、次のような変化を遂げていった。すなわち①作付面積の全般的な拡大、②土地生産性の向上、③付加価値の高い作物や家畜の導入・拡大、などである。

作付面積の拡大は、耕地そのものの面積拡大を意味するものではない。日本統治時代の一九四一年に八十六万ヘクタールに達していた農地は、その後の二十年を経て、一九六〇年までにわずか三万ヘクタールしか増大していない。農耕地そのものの面積はあまり増加していないのだが、耕地利用率が一三二%から一八〇%に高まったのである。つまり、年一回だけ作物を収穫する耕地から年間二回、三回の収穫を行う耕地への転換が進んだのである。

次に、農業の土地生産性の向上は、あらゆる作物においてみられたが、ここでは米を例として取り上げる。作付面積中の水田の割合は一九四〇年には六一・六%だったが、一九六五年でも六〇・三%であってほとんど変化していない。また水田の面積の中で二期作を行っている田の割合は戦前より戦後に若干低下していた。しかし米の生産量は一九三一年から一九四〇年の平均値に対して一九六五年の生産量は八六%の増加を記録した。この間に米の作付面積は一八%しか増加していないのであって、一ヘクタール当たり収穫量が一・九三トンから三・〇四トンへと急増したためである。

この原因は、①台湾における稲作の主力である蓬莱米の一ヘクタールあたりの収穫量が戦前の二・一トンから三・一トンに四一%向上したこと、②稲作のうちに占める蓬莱米の作付面積の割合が戦前の五〇%から戦後は六八%に高まったこと、および③蓬莱米以外の在来種の米の収穫量も著しく向上して、蓬莱米との差が縮まったことである。

以上のように、台湾の農民はつぎつぎと国内需要および輸出需要に適合した高収益の作物や家畜の生産を拡大し、あるいは新たに導入して農業生産を増加させたのである。しかも、そうした部門の生産性が高まっていたということである。

もともと、台湾の農民は、経済的な刺激に敏感に反応する傾向があったが、戦後の台湾農民はそれまで以上に、経済事情や社会事情の変化に積極的に対応していた。また、農業人口の増大によって農業経営の規模が零細化、細分化されたが、その狭くなった耕地からより大きな収益を得ようとして、農民たちは多毛作に、多収穫に、そして経営の多角化に取り組んだのである。つまり、台湾の農業生産の増大の理由としては、まず、肥沃な土地と、そしてなによりも勤勉な国民性を挙げることができる。

また、低米価政策や、米と化学肥料の不等交換など、戦後の国民党政府が農民の所得を吸い上げる政策を実施したにもかかわらず、台湾農民は生産への意欲を失うのではなく、むしろ勤勉になり、経済合理性に適う農業経営へと進化を遂げていった。その一方で、政府によって吸い上げられた農業からの収益は、中央政府の維持費、軍事費だけではなく、工業化の財源ともなった。

いずれにしても、一九七〇年前後に台湾経済はある種の転換点を通過することになる。農業部門の状況をみると、一九六〇年代以後の農業から工業への人口の移転が進んだ結果として、人手を奪われた農業部門の経営が圧迫される状況になってきた。また、工業部門に目を向けると、全体に賃金水準が次第に上昇したことによって、労働集約的産業部門の発展を継続することが困難になってきた。これらの要因によって、台湾の経済全体に転換が必要になったのである。こうして一九七〇年頃を転換期として、政府は、農業に対する政策を大きく変更して、それまでの農業部門から収奪する経済政策から農業を保護する政策へと移行した。それを象徴する政策転換は、一九七三年の、米と化学肥料のバーター交換制度の撤廃と、米の価格支持制度の導入であった。

第五節　日華貿易計画による日台貿易と台湾経済の復興

（一）日華貿易計画による日台貿易制度の発足

一九五二年四月二十八日に、日本と台湾の中華民国の政府代表は、台北において日華平和条約に署名した。これによって、日本と中国との間の戦争は法的に終結となった。同日、サンフランシスコ講和条約が発効となり、連合国は戦後の占領統治を終了させ、日本は七年ぶりに独立を回復することになった。さらに、日華平和条約は衆議院と参議院での議決を経て、八月五日に批准書が交換され、発効した。

これに基づいて、これ以後の日本と台湾の貿易制度について両国間で交渉が行われ、翌一九五三年六月十三日に、日本国政府代表・奥村勝蔵と中華民国政府代表・董顯光の間で「中華民國與日本國貿易辦法（日本名：日華貿易取極）」と「中華民國與日本國間貿易付款辦法（日華支払取極）」が署名された。

これによって、これ以後の日台の貿易は、日本と中華民国との間の交渉により、一年ごとに貿易計画を取り決めて、それに基づいて運用されることになった。

実はこの制度に基づく日台貿易開始の年、一九五三年は台湾で第一次四か年計画開始の年でもあった。このころ、台湾ではアメリカからの援助を背景として、工業化進展の手順として、農産品加工業を発展させ、さらに軽工業から重工業へと段階的に導く「台湾経済四か年自給自足方案」を作成し、実施することになったのである。

この方針に沿って、外国からの輸入に頼っていた消費財等の供給を、国内の工業生産による製品へと置き換えようとする、いわゆる輸入代替工業を推進する時期に入った。第一次四か年計画が一九五三年から五六年、第二次四か年計画が五七年から六〇年であって、以下に説明する日台間の日華貿易計画による輸出入の時期は、この時期と重なる。その後、台湾の四か年計画は、さらに六一年から六四年の第三次へと続いていく。

さて、五三年に日台間で合意した日華貿易計画による相互関係は、双方の輸出入額を同額とするバーターの貿易制度である。

この六月十三日に合意された昭和二十八（一九五三）年度の日華貿易計画は、この年度の計画として、四月一日に遡って適用することになった。昭和二十八年度の日本と台湾の輸出入額はともに七四五〇万ドルとしており、前年実績より千万ドル以上増額していた。

日本が台湾から輸入する主要品目は砂糖類が三七五〇万ドル、米が一五〇〇万ドルで、次いでバナナが四五〇万ドル、塩が二〇〇万ドル、パイナップルの缶詰と台湾ヒノキがそれぞれ一〇〇万ドルといったところであった。これに対して台湾が日本から輸入する製品は、車輌及部品が一二〇〇万ドル、続いて肥料が一一〇〇万ドル、紡織品が八〇〇万ドル、小麦粉が五〇〇万ドル、機関車その他交通設備と船舶が三四〇万ドル、化学品及染料が三〇〇万ドルなどであった。

つまり、台湾は日本に材木や農産品を輸出し、日本は台湾に主として工業製品を輸出していた。砂糖関係だけで計画輸入額の五〇・三%、米が二〇・一%、バナナが六・〇%で、これらだけで七六・四%、四分の三を超えている。一方、日本の輸出品である鉄道の車両や関係部品などについては、台湾の鉄道が日本統治時代に建設、運営されたものであるため、日本統治を離れたあとも走行車両の増設や修理、メンテナンスには、日本からの輸入が必要だった。これらが二〇・七%を占めた。日本から台湾への輸出の一四・八%が肥料だが、肥料は、台湾の主要輸出産品である農業生産の維持・増大の必需品であった。なお、翌一九五四年の日台双方の輸出入貿易額については、五三年の合意をそのまま踏襲した。

ところで、一九五三年と五四年の台湾の貿易に占める対日輸出の比率は、それぞれ四五%と五四%で、台湾の輸出先として日本はきわめて重要な存在だった。

(二)　難渋する日華貿易会談合意

一九五五年には、計画輸出入額を九四〇〇万ドルに増加させたが、これは五四年の二六%増である。

増額したのは米と砂糖で、米が六七％増の二五〇〇万ドル、砂糖は、二四・八％増の四六八〇万ドルとした。これだけで前年比増額分の九九％である。これらは、輸出入量の変動だけではなく、国際市場価格の変化を反映していた。国際市場価格の変化が大きかったので、毎年双方の合計輸出入額を一致させるように、各品目の輸出入額を調整する交渉は難渋した。

例えば一九五七年度の日華貿易計画では、この年二月二十日から日華貿易会談を開始したが、日本による台湾の米の買付量と粗糖の輸入価格問題で交渉は難航し，四月一日の新年度開始までに輸出入計画の合意ができなかった。最終的に、交渉は六カ月にわたるものとなって、双方の合意・署名は八月三十一日となった。合意額は双方九二六〇万ドルで、前年比一六五〇万ドル増だったが、主たる増加分は、日本側は砂糖の輸入額、台湾側では交通設備船舶と電器機材、陶器製品などであった。また、このときに、砂糖については国際価格にスライドする方式とすることが合意された。なお、合意されたのは八月末だが、年度計画として四月一日に遡って施行することにした。

ところで、この年一月から十二月までの日台間の貿易実績は、日本からの輸出が七七二〇万ドル、輸入が六三九〇万ドルで、差引一三三〇万ドルの日本側の輸出超過だった。

つづく一九五八年度計画のための日華貿易会談は、三月四日から台北において両国代表の間で開始されたが、三月十四日、台湾側が、日本が中華人民共和国と第四次日中貿易協定を締結したことに不服を申し立てて、貿易会談の一時中止を求めてきた。毛沢東の中国共産党による中華人民共和国と、当時の蒋介石国民党の中華民国は、政治的に鋭く対立しており、中華民国は中国を代表する正統な政府であると主張していた。日本は、その中華民国・台湾と国交を維持する一方、毛沢東の中華人民共和国とは国交を結んでいなかったのに、中華人民共和国を中国として認めて日中貿易協定を結ぶことに対して蔣介石政権は反発したのであった。

このために会議は行詰りとなり、日本側では代表団の引揚げを考慮するに至ったが、その後に事態が好転して、五月二十一日に両国代表の間で一九五八年度日華貿易計画採択に関する交換書簡に署名が行われた。この時の双方の輸出入計画額は八五二五万ドルで、前年比七三五万ドルの削減となったが、日本側ではこのうち五七五五万ドル分が砂糖の輸入分であり、砂糖の国際価格の下落が反映したものだ。台湾側の各品目の輸入額は、これに合うように調整した。

結果的には、一九五八年一月から十二月の貿易実績として、日本側の輸出は計画額の一〇一%、これに対して輸入は計画額の八二%にとどまった。このため、日本側の七八四万ドルの輸出超過であった。

一九五九年度の日華貿易会談は、三月十六日に、今度は東京を舞台に開催された。今回は、台湾側の赤糖およびパイナップル缶詰と、日本側の農水産物の額について意見が一致せず、交渉は難航した。結局、年度をまたいで七月三十一日にようやく双方が交換書簡に署名するに至った。新たな貿易計画は、輸出入ともに八五五〇万ドルとなり、前年度計画の八五二五万ドルに比較すると二五万ドルの増加であった。増加額の伸びが小さいのは、主として砂糖価格の値下りによるものであった。前年度に比べて変動があつたものとして、主なものは粗糖（二〇〇万ドル増）、バナナ（一〇〇万ドル増）、塩（九〇万ドル増）、石炭（三〇万ドル増）、そしてパイナップル罐詰（一〇〇万ドル減）、雑品目（一五〇万ドル減）および糖蜜（四〇万ドル減）であった。

（三）日華貿易計画方式の終焉

日華貿易会談による日本と台湾の間の輸出入額の合意は、一九六〇年度については、事実上うまくいかなかった。というのは、三月二十八日から台北において、貿易会談が開始されたのだが、台湾側の米の輸出と、日本側の化学肥料の輸出の問題をめぐって交渉が難航して、結局、米と化学肥料については保留として、貿易計画には米と化学肥料の金額は年内の適当な時期に決定すると注記することで妥結した。

他の品目については合意したということで、五月二十七日に両国代表が交換書簡に署名したのだが、実際には大きな課題を残したものだった。というのは、日本側の輸入品として、米は一九五八年、五九年には二六・九％を占める主要な品目であり、同様に化学肥料は台湾側の輸入品として、五八年には二五・八％、五七年には二五・七％を占める品目だった。つまり、全体の四分の一について保留にした取り決めだったことになる。

こうした事情もあり、またここ数年における貿易・為替自由化の流れを前提に、一九六〇年の日華貿易会議において、一九六一年度内に従来の日華貿易計画方式での輸出入を終了することで両国は一致した。

　実績を見ると、一九五三年以来の日華貿易会談による日華貿易計画方式の輸出入は、計画段階では双方同額だが、実際には一九五五年を除いて日本の輸出超過であった。

　一九五三年から一九六〇年の日華間の貿易実績額を日華貿易計画の額と比較すると、台湾から日本への輸出は常に計画をかなり下回っており、台湾側の日本からの輸入はほぼ計画どおりで、五八年以後は計画額を上回っていた。

　以上のことから、台湾側が日本側から輸入したい物品は多いのだが、輸出入勘定を一致させるバーター方式なので、日本が台湾から輸入する物品の額を前提に、これに合わせて計画を決めていた。しかし、結果的に台湾側の輸入超過になっているので、結局のところ台湾側は、後から輸入超過分を清算しなければならない。それで、日華貿易会談では、一九六〇年度以後、日華間清算勘定の輸入超過額を米ドル貨での現金決済を日本側が求めることになり、台湾側は分割払いでこれに応じた。

　さて、日華貿易計画方式を終了させるという一九六〇年度の日華貿易会議における合意を基に、一九六一年三月下旬から東京で開催された日華貿易会議では、一九五三年に交わされた日華間の貿易取極と支払取極をこの年の九月末日をもって終わらせることにし、新たに貿易の拡大と、現金決済への移行を内容とした貿易支払取極を五月二十三日に締結した。つまり、両国間で輸出入を双方同額にする貿易計画は、一九六一年四月分以降は作成しないことになった。これによって、これ以後の貿易は、両国間で可能なだけ輸出、あるいは輸入できることになった。

（四）日華貿易計画終了後の日台貿易額の増大

これ以後の、双方貿易額の長期的な変化は次のとおりである。

日本から台湾の貿易総額の中に占める日本への輸出の割合は、すでに触れたように一九五三年には四五％、五四年は五三％で、五五年は五九％に達したが、その後は低下して、五六年三五％、五七年三九％、五八年四四％と推移して、六〇年には三八％であった。日華貿易計画方式以後の六五年にも三〇％を維持したが、それ以後は一〇％台前半となって、七五年は一五％弱、八〇年一一％、八五年一一％、九〇年一二％である。つまり、八〇年以後は、台湾の輸出総額のうち、対日輸出は一割余りで推移した。

これに対して台湾の日本以外との貿易は、六〇年に香港一三％、アメリカ一二％であったが、その後はアメリカが、六五年二一％、七〇年三八％、七五年三四％、八〇年三四％、八五年四八％、九〇年三二％と、台湾の輸出先第一位を占めることになった。

他方、台湾の日本からの輸入については、五五年の三一％が、六〇年は三五％、日華貿易計画以後の六五年が四〇％、七〇年は四三％とむしろ拡大を続けた。つまり、日華貿易計画の時期にも、相互に輸出入金額を合わせるバーター方式でなければ、台湾の日本からの輸入はもっと大きかったと考えられる。

その後は、七二年九月の日本と台湾の国交断絶を経て、七五年が三一％、八〇年は二七％、八五年が二八％、九〇年は二九％で、三〇％近い数値で推移したが、六五年以後も連続して輸入元として日本が第一位であった。

いずれにしても、一九四九年十二月に蔣介石の中華民国政権が台湾に移転して以後の、台湾にとって最も困難な時期といえる一九五〇年代前半において、日本は、台湾の農産物購入の最大の顧客であり、なおかつ台湾に必要な交通インフラのための機材、農業生産に必要な化学肥料の提供者であった。他方で日本にとっては、戦後復興から成長期に入ろうとする時期にあたり、台湾との交易は、日本経済発展の礎石の一つとなったといえる。

以上のことから、日台の貿易関係を概観すれば、以下のとおりである。すなわち一九六〇年代まで台湾の輸出先第一位は日本であった。七〇年代以後になると、台湾からの輸出先第一位の座はアメリカにとってかわられる。輸入については、一九五〇年代から一九六〇年代までは、日本が占める比率は三〇%から四〇%へと拡大を続け、日華断交で一度は停滞したが、一九七五年以後も一貫して三〇%程度の高い比率で九〇年代に至った。

（五）工業化の進展と貿易構造の変化

農業経済の時代の台湾には、「一年の収入で三年生活できる」という格言があり、豊饒な土地と自然環境の恵みを受けていた。このほか、住民の多数は、元はと言えば中国からの移民の子孫であり、自助努力と自分の才能で生きるという移民気質によって勤倹節約の精神を培っていた。これに加えて「二二八事件」の虐殺及び粛清があり、蔣介石国民党政権が台湾に移転して以後の台湾人は、政治と距離を置いて経済的成功を目指す傾向になった。その結果、台湾経済は今日でも、日本統治までに台湾に土着化していた台湾人とその子孫が経営する中小企業が支えている「中小企業王国」の状況がある。こうした台湾産業界の特徴は、どのようにして形成されてきたのか、以下に概観する。

一九四五年に台湾が日本による統治から離れたとき、台湾はすでに工業化社会の入り口に到達していた。その時には、太平洋戦争中にアメリカ軍の爆撃によって破壊を被っていたとはいえ、五十年間にわたるインフラ建設、産業振興と教育の普及などによって、十九世紀までに欧米各国によって植民地化され、後に独立したアジアやアフリカの発展途上国とは社会状況が異なっていた。

さて、一九四五年から一九五二年には、戦災からの復興が進められたが、台湾における工業化は、一九五三年からの第一次四か年計画によって始まった。

一九五三年からの台湾の工業化は、主として政府が担い手となった基礎産業における工業化と、主として民間企業が担い手となった消費財中心の、いわゆる輸入代替産業の発展とが、車の両輪のように並行して発展する形となった。

一九五三年から五六年の第一次四か年計画と、一九五七年から六〇年の第二次四か年計画において、もっとも優先されたのは、電力と化学肥料の二部門だった。前述のように、これらは公営企業によって占められていた。

これに対して戦後の台湾工業化をまず象徴することになった軽工業部門、つまり衣料品生産などは第二次計画からようやく重点産業の一部に数えられるようになり、その後は外貨節約のために輸入に代えてこれらの国産品を国内に流通させることになったが、軽工業品の生産拡大は、必ずしも計画的に実施されたものではなく、必要に迫られて実現したものであった。

つまり、日本経済から切り離され、中国大陸からも断絶した台湾においては、物資が欠乏したため、作れば売れるという形で自然発生的に日用品を製造する工場が登場して、自助努力を主として、民間中小企業のかたちで発展したものといえる。

この時期に発展した民間の中小企業中心の、いわゆる輸入代替産業の代表が紡績工業であった。この時期の工業生産では、セメント、各種繊維製品、食品、飲料、皮革、石炭製品、金属及び金属製品、電気機械器具、木製品なども製造された。つまり、食品、繊維、雑貨、軽機械などのどちらかといえば雑多な消費財を製造する、軽工業が中心だった。

その間、それらの商品の海外からの輸入には関税が課せられ、あるいは輸入が制限されて、国内産業の保護が行われ、またアメリカの余剰農産物の輸入といった形で原材料等が廉価で供給されるという形で、政府による保護策があったことは事実である。

しかし、政府が基礎産業建設を担当し、民間が輸入代替産業を発展させるという台湾式の工業化の進め方は、やがて壁に突き当たることになる。というのは、当時の台湾の人口は一千万人余りで、しかも全体に給与水準が低かったから、台湾の人びとの購買力には限りがあった。つまり、台湾の国内消費量は最初から限界があった。また、民間企業に提供できる資金が限られていたので、軽工業を基礎に、多額の資金を要する近代的な工業を育てるには、十分な資金や市場がなかったのである。

このため、台湾の人びとの日常の消費を前提にする輸入代替工業化が一定の水準に達すると、その先は、台湾の労働者の低賃金を武器にする輸出振興策に、工業化の方向が大きく転換することになった。政府もまた、この方向を積極的に支援することになったが、こうした方向転換は、第二次計画以後において明確になってきた。

(六) 海外からの投資の増大

ちょうどこのころ、アメリカ、日本および華僑などの外国民間資本が台湾に積極的に進出するようになった。これら外国の資本が進出した理由は、第一には、台湾を輸出市場として確保しようとしたこと、第二には、当時の台湾の低賃金を利用して加工貿易で利益を上げることだった。いずれの場合にも、半製品や加工原料を台湾にもちこんで、低賃金の労働を利用して、最終工程で製品を完成させることが目的であった。前者は、台湾島内に販売することが目的であり、後者は製品を第三国に輸出して販売することになる。

これらの外国人及び海外華僑の投資は、これ以後の台湾の経済発展に貢献することになる。これに先立って国民党政権は、一九五四年に「外国人投資条例」を公布し、翌年には「華僑回国投資条例」を公布していたのだが、一九六〇年に「投資奨励条例」を施行して外国資本の導入を奨励するようになった。これらの条例は外国人と華僑の投資に対して、税法上及び工業用地の取得において優遇を保証するものだった。これによって一九六〇年から外国資本の導入が急速に増加したのである。

また第二次四か年計画が終了した一九六〇年には、「十九点の財政経済措置」が政府によってまとめられ、輸出振興のため、それまでの複雑な複数レート制を一本化するとともに、台湾元の対ドルレートを大幅に切り下げた。これによって第三次四か年計画に向けて、台湾の工業製品の対外輸出の条件が整えられた。

こうした方式は、一九六一年から六四年の第三次計画以後に顕著にみられるようになり、その後の一九六五年から六八年の第四次計画に至って最盛期を迎えた。政府も、一九六五年に高雄加工区（保税地区）を設置するなどして、大いにこれを推進した。加工輸出区においては、関税の優遇が受けられ、行政手続きが簡素化され、為替管理も緩和され、国外送金の保証など各種優遇措置が用意され、輸出製品の生産に専念できるような措置がとられていた。また、海外からの資金を得ることで、国民の就業機会を増加させ、外資及び技術移転によって先進技術を取得し、国内産業の培養にも大きく貢献した。これによって、台湾経済は、貿易依存度の非常に高い産業構造になっていく。

一九五二年から九〇年まで、外国人の投資は三五六六件で、計一一億二九七八万米ドルであり、華僑の投資は二一八七件、計一億九五三八万米ドル、合計すると五七七三件、総額一三億二五一六万米ドルに達する。

外国人の投資のうち日本が三二・六%を占めて第一位であり、次いでアメリカが二一・九%、ヨーロッパ各国の合計が一三%、香港が七・三%であった。一般的に言って、日本の投資と台湾企業との事業協力が多く、製品は輸出のほか台湾で消費された。アメリカ資本は事業協力ではなく、製品はすべて輸出あるいはアメリカ向けであった。華僑の投資は規模が小さく、サービス業が中心で、高度科学技術産業の投資はほとんどなかった。

日本と欧米の投資は台湾の企業に技術移転の効果をもたらし、華僑資本は台湾企業の競争力を強化した。いずれも、台湾製品の海外市場開拓の牽引役を果たした。

また、この頃の台湾の輸出入相手先を見ると、日本統治時代とは大きな変化がみられる。というのは、日本統治時代には製品の移出入は九割が日本を相手にするものだった。それが戦後になると、アメリカとの間の貿易、特にアメリカからの輸入が顕著に増え、輸出入ともに貿易相手先としては、アジア諸国、オセアニアから西ドイツなどヨーロッパ諸国にまで対象が拡大・多様化した。

一九五三年ころの輸出相手先は、日本が四六・四%でアメリカ五・五%、その他諸国を合わせて四八・一%であったが、一九六五年になると、日本向け輸出の比率は三一・一%に低下し、その分アメリカが二〇・〇%へと増大した。

これに対して、輸入元国は、一九五三年ころは日本が二八・五%であったのに対してアメリカが五一・二%であって、アメリカの比率が圧倒的に高く、その他諸国は合計で二〇・三%であった。これが、一九六五年になると日本からが三七・〇%へと著増し、反対にアメリカは三四・四%へと低下し、その他が二八・六%に増大した。

輸出入の中身をみてみると、すでに述べた産業構造の変化を反映して、大きく様変わりしている。つまり、戦前の台湾からの輸出品といえばほとんどすべてが農産物およびその加工品で、すでに述べ

	1953年	1965年
農産物	13.3%	25.2%
農産加工品	79.6%	29.5%
鉱工業品	6.4%	41.3%
その他	0.9%	4.0%

1953年と65年の輸出品の構成

たとおり、とりわけ砂糖と米が全体の六割から七割を占めていた。当時の食品加工品の代表はパイナップル缶詰だった。

これに対して、戦後は砂糖と米の割合が大きく下がって、それに代わって各種の農産加工品と繊維、雑貨類、セメントが増大した。

一九五三年と六五年の輸出品の構成は上の表のとおり。

農産加工品の比重が大幅に低下したのは、砂糖の輸出が減少したためで、それ以外の農産加工品は増大していた。この間に輸出が拡大した主な商品としては、第一に鉱工業の繊維製品、それから農産加工品のパイナップル缶詰、マッシュルーム缶詰、それから金属・機械製品、化学製品、木材および木工製品、セメント、建築材料と紙・パルプなどだった。

一九六五年の輸入品は、工業加工用機械など工業製品の工場で必要な資本財が二九・五%、農産物と工業原料が六二・七%で消費財は七・八%となっている。つまり、台湾の人びとの日用生活用品の輸入はわずかで、半製品や工業原料、そして工業用機械の輸入が大半を占めている。つまり、それらの輸入品を、台湾の工場で加工して完成品として、そのうちの相当部分を台湾以外に向けて輸出販売を行うという、加工貿易へと台湾の産業構造が転換したことを反映している。

（七）台湾経済復興の要因

ここまでの台湾経済の発展経過を概観してみると、戦後の台湾経済が決して平らな道を着々と歩んできたわけではないことがわかる。

まず、日本の統治を離れて中華民国に接収された台湾は、当初の予定のように中国全土を統治する中華民国の一地方に組み込まれる代わりに、台湾という島だけで一つの国民経済を形成することになった。しかし、これは国共内戦における国民党政府・軍の敗北という、予定しなかった事態の結果である。これによって、資金も労働力も市場も、台湾という小さい島に限られることになった。しかし、逆にいえば、その後の中国大陸の、経済の共産化・社会主義化の推進のための土地の公有化や企業・工場の集団所有への移行と、それに伴う混乱の影響を、台湾経済がほぼ受けずに済む結果にもなった。

一九五〇年代の中国大陸では、毛沢東指導下の中国共産党によって進められた「大躍進」政策の大失敗とその後の実権派路線への揺れ戻し、さらに一九六〇年代半ばから十年間の「文化大革命」によって深刻な混迷を経験した。農業や鉄鋼生産の激増を目指した「大躍進」政策では、わずか六年の間に、四千万人が餓死したともいわれる。また、文化大革命では、あらゆる組織の幹部、知識人は自己批判を迫られ、農村に「下放」され、農作業その他の肉体労働に従事させられた。「造反有理」の旗印の下で、社会秩序は破壊され、近代的経済運営は破綻に瀕した。一九五〇年以来の、台湾経済の中国大陸からのほぼ完全な切り離しによって、こうした中国経済の迷走に台湾経済が巻き込まれなかったのは幸いだった。

しかも、この間、一九五〇年代から六〇年代前半までの台湾は、アメリカによる軍事・経済援助を受けることができた。さらには、アメリカが支援を停止すると、今度は日本が円借款で資金援助を行った。これらの外部条件があって、戦後の台湾の「奇跡の経済発展」が実現したのである。

アメリカは一九五一年から援助を開始し、毎年およそ一億ドル相当の援助を提供した。一九六五年まで十五年間で、総額はおよそ一四・八億米ドルに達した。援助の内容は、軍事援助が半分以上で、残りは剰余農産品、赤字財政の補填、工業設備投資、農業振興等である。時期によって若干の違いがあるが、アメリカの援助は台湾の国民総生産（GNP）の五～一〇％であり、戦後の台湾経済に「輸血」のような効果があった。

アメリカからの援助は一九六五年六月に停止したが、国民党政府は日本と一億五〇〇〇万米ドル相当の日本円の借款協定を締結した。その内容は、日本輸出入銀行の年利五・七％、償還期間十五年の一億米ドルの借款と、残りは日本海外経済協力基金が提供する年利三・五％で償還期間二十年の五〇〇〇万ドルであった。この日本からの円借款は、アメリカの支援額とは比較にならないが、アメリカの援助停止による資金不足を補い、台湾経済と日本経済を密接に結びつける効果があった。

しかし、外部要因があるにしても、台湾自身に自律的な経済発展の基本条件が備わっていたからこそ、台湾経済の「奇跡」が可能になったことを忘れてはならない。

すなわち、発展の起動力として、戦後初期の台湾には、日本からも大陸中国からも切り離された台湾の内部の、旺盛な需要があったのである。台湾の人びとは、日常品を必要としていたが、外界から輸入されないので、台湾の人びと自ら、台湾の企業をもって、これらの製品の製造を拡大した。

それから、良質かつ安価な労働力に対する海外からの需要が増大した。こうした内外の需要に対して、それを発展のエネルギーに転換させる役割を、後に「開発独裁」と称される手法で国民党政府が一定程度果たしたことは事実である。

次に、こうした新たな発展を担ったのは、中華民国政府および政府機関や地方政府と、国営企業、そして民間企業や農民などであった。外国から参入した民間企業を除いて、台湾戦後経済の発展、つまり農業を中心とする発展途上国型経済から工業中心の先進国型経済へ向けてのテイク・オフは、主として台湾の自前の力で実現したのであった。また、この時期に一部の外国の民間企業が、台湾の経済発展にかなり貢献をしたことも無視することはできない。

あるいは一九六〇年前後の軽工業の飛躍的な発展と、それら軽工業製品輸出の急速な拡大は、外国系商社などの外資系企業の貢献なしには容易に実現できなかっただろう。

さらに、この時期における経済発展には、追加の資本と新たな技術の導入が必要だったが、資本については次のとおりである。すなわち、一九五二年から一九六〇年までの九年間に、発展のために追加で投入された資本の三二%が政府の資金であり、二七%がアメリカからの援助資金、そして残りの四一%がその他民間資本であった。なお、その民間資本の中には、アメリカ、日本、華僑などからの外国資本が多く含まれている。

また、発展のために導入された新技術については、農業関係の技術は、日本統治時代から引き継いだ伝統を基礎に、その土台の上に台湾内部で創り出されたものがほとんどである。しかし、工業技術については、新たに導入、実用化されたさまざまな技術は、ほとんど外国からの移入もしくは移転であった。

こうして発展を担った政府、民間企業の関係者たちは、追加の資本や新技術を用い、台湾の労働力と自然環境を活用して、台湾経済の発展を実現させた。そのために必要だった台湾の労働力は、蔣介石政権・軍とともに中国大陸から流入した人口と、戦後の台湾における人口の自然増によって大幅に増大しており、なおかつ若い人口が多くを占めた。この労働市場に新たに加わった若い力が、経済をダイナミックに発展させる原動力になった。

他方、台湾の自然条件について検討すると、日本統治五十年の当時を超えて新たな耕地を拡大する余地は乏しかった。また、石油や鉄鉱石その他、近代工業を促進させるような工業原料が、台湾で新たに大量に発見されることもなかった。したがって、勤勉で活力に富む人々の、しかも豊富で安価な労働力を用いて、外国からの工業原料、あるいは半製品を輸入して完成品を製造する加工貿易による発展は、この時期の台湾の工業、産業発展の在り方として適切なものであったといえるだろう。

第六節　高度経済成長以後

（一）台湾経済のテイク・オフ

台湾経済のテイク・オフの時期は一九六〇年代から一九八〇年頃である。この時期には、多国籍企業が台湾に投資を始め、また台湾の企業家が台頭して、輸出加工区が発展して対外貿易が入超から出超に転換した。

日本企業は、高雄輸出加工区の、外国企業への税の優遇措置や、通関の簡素化、融資の便宜、良質で低廉な大量の労働力を活用するため、積極的に進出を図ることになった。その際、主として中小型の輸出加工業者が高雄に進出した。欧米の多国籍企業も、台湾からは東南アジア市場が近いこと、また日本から相対的に廉価で質が安定した工業用部品の調達が容易であることから、台湾の輸出加工区への進出を進めることになった。

これにより、一九六〇年代の台湾では、雇用機会が増大し、台湾国民全体の収入が増加する結果になったほか、輸出加工区に進出した外国企業の下請けのかたちで、台湾企業も発展のチャンスを得ることができた。こうして一九六〇年には一五四米ドルだった台湾の一人当たりＧＮＰは一九七三年には六九五米ドルに、つまり四倍になった。さらに一九八〇年には二三四六米ドルにまで上昇した。十年間で十五倍の成長である。台湾全体のＧＤＰでは、一九六〇年代の台湾は、年平均九・二％の高度成長であった。

一方で、この間の物価上昇率は四・九％の低い水準にとどまっていたので、「インフレなき経済成長」で台湾の人々の生活水準が大幅に引き上げられることになった。同時に、人口増大とともに、多くの人々が農村から都市部へ移転し、輸出加工区の工場の従業員となった。こうして、高雄の加工輸出区では、労働集約型輸出加工工業が大いに発展した。

台湾の人びとの収入が大幅に増加し、しかもその人口が早いスピードで増大していたのだから、結果的に台湾国内市場も急速に拡大した。その台湾市場を目指して、外国人の投資が増加するという、プラスの連鎖が起きた。この時期に、日本から台湾への工業投資がますます盛んになり、それらの企業による製品が日本に、そして世界に輸出された。

さらに、この間に成長した台湾の企業の中から、国内の中小企業レベルを突破して、国際競争に打ち勝って国際経済で活躍する大企業も生まれる結果になった。今日の台湾の大企業は、ほぼこの時期に基礎ができたもので、その意味で、六〇年代から八〇年代まで、とりわけ七〇年代が台湾経済の基礎を固める時期となった。

なお、一九七〇年代からは、プラスチック工業や化学繊維工業などが民間企業として発展したが、これらは国営の中国石油化学公司との有機的な関連をもって発展した。これは国営企業が原油を加工した、その製品を原料に完成品を製造して国内および国際市場に送り出すもので、原材料および半製品を海外から輸入して、それを完成品に加工するという従来型の輸出加工業とは、やや異なる形態の製造業の登場を意味した。

また、一九七〇年代には、台湾の金融機関にも変化があった。すでに述べたように、戦後台湾の銀行は、日本から接収した銀行と、中国から台湾へ移転した銀行から成り立っていたが、そのいずれもが公営銀行であった。これらは、政府の経済・金融政策を銀行業務を通して貫徹する、いわば国家の金庫番であって、民間企業への融資を必ずしも重視せず、民間企業を育成するという感性は鈍かった。

ところが、公営企業のほか、民間企業、とりわけ多数の中小企業が発展して、工業、サービス業などの就労人口の増大のなかで、中華民国政府は銀行や金融にかかわる法制度の改革を進めることになった。すなわち、台湾には公営の銀行のような大規模金融機関とは別に、民間の頼母子講のような資金集め＝貯蓄・金融から発展した台湾省合会儲蓄公司や民営の合会儲蓄公司などを、台湾中小企業銀行や各地区の中小企業銀行に改編した。これらは中小企業に中長期の資金を提供して、生産設備や財務構造の改善を助けるとともに、経営管理を健全にすることを主要な任務としている。

この結果、一九九〇年代半ばころには、中小企業銀行八行のうち七行が民間企業であった。つまり、台湾では、遅まきながら一九七六年に、中小企業に専門的に融資する銀行が設立されたことになる。さらに、一九八一年には、経済部（日本の経済産業省に相当）に中小企業処が置かれた。このように、台湾では、二十世紀も終盤に至ってから、国家として中小企業の育成や発展を考えるようになった。

また、一九七三年に産業技術開発の拠点として、すでに設置されていた政府系研究機関を統合、発展させるかたちで工業技術研究院が設立された。この研究院では、一九七五年から半導体の技術導入プロジェクトが始められ、それが一九八〇年の新竹科学工業園区の開設につながっていく。

すでに述べたように一九六〇年代の台湾の輸出先は日本からアメリカへ、輸入元はアメリカから日本へと逆転した。具体的には、一九五二年の輸出総額の五二・六％が日本向け、アメリカ向けは三・五％であったが、一九六六年には二四・〇％と二一・六％、さらに六七年には一七・九％と二六・二％と逆転した。

これに対して、輸入市場は、一九五二年の輸入総額の三一・二％が日本から、四五・七％がアメリカからであったが、一九六四年以後は三四・八％対三一・五％と日本がアメリカを超えた。

これは、台湾が日本から原材料や部品・機械を輸入し、台湾の廉価な労働力を利用して製品を組み立て、完成品をアメリカ市場に輸出するという三極構造が確立したことを意味している。

(二) パナソニックと日産自動車の場合

例えば、パナソニック（旧、松下電器）は、台湾において一九六二年にステレオ、ラジオ、六三年にテレビの製造を開始した。テレビの場合、ブラウン管は日本で製造して台湾に持ち込み、周辺機器や外側のキャビネットと合わせて、台湾でテレビの完成品を製造して、アメリカその他に輸出したのである。

つまり、この時期の台湾の経済成長は、対日貿易赤字と対米貿易黒字を同時に生み出し、全体としては毎年、大幅な輸出超過で貿易黒字を確保して、蓄積することで達成されたのである。しかも、この輸出の主体となったのは民間中小企業であった。

一九八〇年代上半期においても、中小メーカーの輸出が年によって六四・六％から七三・五％であって、輸出の三分の二は民間中小企業が占めていた。言い換えれば、台湾では、こうした中小企業が経済成長に大きな役割を果たしていたのである。

また、これとは別に日本のブランドの生産から始めて、国産化に挑戦した事例がある。日産自動車は、一九五三年に厳慶齢が設立した裕隆機器製造が一九五七年に日産自動車との技術提携を開始し、日産車の台湾版を製造販売するようになったものである。さらに一九六〇年には社名を裕隆汽車製造と変更して、ブルーバード、サニー、セドリックなどの台湾版を製造した。それ以来、今日まで、日産、インフィニティのブランドの車両を製造、販売している。

その間に、裕隆汽車は一九八六年に、日産のT11型バイオレットリベルタなどをベースにして、裕隆汽車独自のブランドとして「飛羚101」を開発し、販売した。ハニカムデザインのテールランプが特徴的だったが、一九八八年に第二代の「飛羚102」にモデルチェンジして、一九九五年まで生産していた。

また、二〇〇八年には子会社として納智捷汽車を設立し、台湾独自の自動車のブランドとして「納智捷（英語：Luxgen）」の名称で、SUVや電気自動車を製造し、販売している。これは、どちらかといえばやや高級な自動車のイメージで売っているが、台湾の自動車市場には、トヨタ、ホンダ、日産、マツダなど日本の自動車各社とキア、ヒュンダイなどの韓国の自動車メーカー、さらにベンツ、BMW、ポルシェなど欧米の各社が進出しており、台湾の国産自動車会社が生き残るには厳しい環境にある。当然、「納智捷」は、中国市場その他にも進出を図っているが、今後の展開は予断を許さない。

(三) 日華断交と日台間の貿易

戦後の台湾は、一九四九年の国共内戦での敗戦、つまり十月一日の北京・天安門における毛沢東の中華人民共和国建国宣言、十二月からの蔣介石・国民政府と軍の台湾への移転にもかかわらず、国際社会においては、国際連合安全保障理事会の常任理事国としての地位を一九七一年まで保っていた。つまり、単なる国連加盟国ではなく、アメリカ、イギリス、フランス、ソビエト連邦と並んで、安全保障理事会の常任理事国という、いわば五大国の一つとしての特権を享受していた。一九四九年十二月以後、中華民国は、実際には台湾本島とその周囲のいくつかの島嶼を統治するだけの小国であったが、建前上は中国を代表する政権であり続けたのである。

一方、中国共産党の中華人民共和国は、虎視眈々と「台湾解放」、つまりは中国による台湾併合の機会をうかがっていた。しかし、台湾にとって幸いなことに、毛沢東の中国では一九六六年からいわゆる「十年内乱」の文化大革命で天地が覆るほどの暴風が吹き荒れ、当面は台湾について目を向ける余裕がないかのようだった。しかし、国際社会における「中国」を代表する正統な政権という北京政権の主張は、大陸中国を実効支配している事実からしても、しだいに世界各国の受け入れるところとなっていった。さらに、東西冷戦で、アメリカとソビエト社会主義共和国連邦（ソ連）とが、国際場裡で勢力争いを繰り広げ、核戦力でも激しく対峙するなかで、アメリカが北京政権をソ連封じ込めの国際戦略に活用しようとしたことによっても、蔣介石の中華民国・台湾は、国際政治における「中国」としての地位が危うくなったばかりではなく、世界の主要国からの国家承認、国交の維持が脅かされる状況となった。

すなわち、一九七一年十月二十五日、国連総会は二七五二号決議、いわゆるアルバニア決議案を可決して、国連における中国代表権を、毛沢東の中華人民共和国に認め、合わせて安保理の常任理事国として受け入れることになった。台湾の中華民国国連代表は、この採決を前に国連本会議場を離れ、国連脱退の意志を示した。こうして、蔣介石の中華民国は国連加盟国、そして安保理常任理事国の地位を追われ、毛沢東の中華人民共和国が取って代わったのである。さらには、この決議と前後して、日本を含む欧州各国、世界の多くの国が、「中国」としての国交を、台湾の中華民国から北京の中華人民共和国に切り替えることになった。

日本は、一九七二年九月二十九日に、北京で日中共同声明に署名して、共産党の中国との「国交正常化」を果たし、日華平和条約の無効化を宣言して、蔣介石の中華民国と断交した。アメリカがこの隊列に加わったのは一九七九年一月一日になってからである。

しかし、台湾にとって不幸なことに、政治的荒波に翻弄された一九七〇年代には、二度の石油危機の大波にもさらされることになった。すなわち、一九七三年十月、第四次中東戦争を契機として、OPEC諸国が原油価格を一月までに三・六倍以上に引き上げた第一次石油ショックが発生し、さらに一九七九年には一月のイラン革命を契機に、OPECが三段階に分けて原油価格を引き上げた第二次石油ショックが発生した。第一次石油ショックの際には、日本では「狂乱物価」という言葉が生まれる等、消費者物価が値上がりしたばかりでなく、社会全体で石油・ガソリンはもちろん電力消費を控える動きが広がった。また、トイレットペーパー・パニックなど、石油価格と直接関係のない製品の買い占め騒動も起り、社会は騒然とした。第二次石油ショックの際には、日本では前回ほどの影響は出なかったが、それでも大都市の街灯、ネオンサインや東京タワーを消灯し、節電のために室内の蛍光灯を間引き、さらにはエスカレーターやエレベーターを休止し、高速道路では低速運転が求められ、冷房温度は二八度、暖房温度は十八度など、温度調節が求められ、テレビの深夜放送が中止された。つまり、日常生活の各所に大きな影響が見られた。

こうして、一九七〇年代の十年間、台湾は、政治、外交、経済において、激浪に逆らって進むことを余儀なくされたのである。

このような困難な国際環境のなか、国連からの脱退を決めた台湾では、戦後の台湾政治を裁量した蔣介石が高齢化に伴う体調悪化によって、政治の表舞台から徐々に後景に退き、息子の蔣経国が行政院長、すなわち首相として表舞台に姿を現すようになった、その蔣経国主導の下に進められたのが、一九七三年に開始された「十大建設計画」であった。

蔣介石は一九七五年に死去するが、権威主義国家の権力者の交代としては、むしろスムーズに、蔣経国への権力の移譲は進んだ。こうして、蔣介石が呼号していた非現実的な「大陸反攻」を封印して、蔣経国は、中華民国政権は台湾に根を下ろして、台湾での国家としての発展を図る「十大建設」の完成を進めることになった。

十大建設では、桃園国際空港や台中港及び宜蘭県蘇澳港などの建設、鉄道の電気化と原子力発電所の建設、台湾の南北を貫く高速道路一号線の建設、造船業、鉄鋼業、石油化学工業の推進が行われた。これらは、台湾の工業生産における重工業化を促進させ、インフラ整備により先進国家群入りへのステップアップを可能にする土台となった。

こうして台湾は、二度にわたる石油危機の大きな影響によって、世界の主要国が経済停滞やマイナス成長、省エネ対策に苦吟しているなかで、一九七〇年代を通じて年平均一〇・三%のGDP成長を達成した。七〇年代後半には、台湾は韓国、香港、シンガポールとともに「アジアＮＩＥｓ（新興工業経済地域）」の一つに数えられるようになった。

（四）トヨタ自動車の場合

しかし、日華断交は、長く続いた日本と台湾との密接な経済関係に衝撃を与え、個別の企業単位でみると、紆余曲折を強いることになった事例もある。その一つがトヨタ自動車の場合である。

トヨタ自動車については、和泰商行が一九四八年から総代理権を取得して日本からの輸入販売を行っていた。その後、一九七〇年に六和汽車工業がトヨタ自動車と協定を結んで、商用車のミニエースとカローラを製造し、和泰商行を通して販売することになった。その矢先の一九七二年、日本と中華民国の国交断絶、日中国交正常化となったとき、トヨタ自動車は中国市場への進出を図っていたため、台湾政府から圧力がかかることになった。このため、一九七三年四月をもって、六和汽車はトヨタ自動車の製造ライセンスを延長せず、生産を停止した。

その後、改めて和泰汽車が一九八三年に日野自動車からの投資の申し出を受け、八四年に和泰汽車、中華開發信託公司、日野自動車と三井物産の資金を得て國瑞汽車が設立された。この國瑞汽車が八六年に中壢工場を完成させて、八八年から商用車の Zace（台湾版のミニエース）を、翌八九年から乗用車のカローラを製造販売することになった。それ以後は、トヨタ自動車の台湾における存在感はしだいに大きくなり、生産する車種を増やしながら今日に至っている。

（五）奇跡の経済発展と「中小企業王国」としての台湾

一九六〇年代から九〇年代の台湾の戦後経済発展を「奇跡」と形容することがあるが、実際、一九五〇年に五〇米ドルだった一人当たりＧＤＰは、一九九二年には一万ドルを突破した。また、この年には日本及びドイツを凌いで、外貨準備高が八五〇億ドルとなって、世界一の外貨保有国となった。こうした数字は、「奇跡」と呼ぶにふさわしいかもしれない。

この「奇跡」の経過を改めて簡単にまとめると以下のようになる。

新台幣の導入と朝鮮戦争によるアメリカの台湾海峡への介入で、中国と台湾の関係は切断されて、悪性インフレは沈静化した。また、アメリカの援助もあって一九五三年から、第一次「四か年経済計画」を開始した。この結果、工業においては、軽工業を中心として輸入代替工業がしだいに軌道に乗り、発展期に入った。

一九五三年以後の国民所得の成長率をみると、一九五三年から五六年の平均が七・三一%、一九五七年から一九六〇年の平均が六・六七%だったのに対して、一九六一年から六五年の平均は九・三五%と一段と高い成長率を記録した。また、一九五二年を一〇〇としたとき、一九六五年の生産指数は農業が二一四、工業が四八六であって、一貫して工業が農業の二倍近い成長を続けていた。これによって、台湾は農業国家から工業国家への転換を成し遂げたのである。

また、一九五〇年代の年平均GNP成長率が八・三%であったが、その内訳をみると農業が六・四%で工業が一一・五%だった。この時期までには輸出品は農産品が中心であったから、農業生産が工業生産の「産婆」役を果たしたといえる。

農業部門では、日本統治時代からの伝統を継承しつつ、大きな編成替えもあった。すなわち、米作は日本への移出向けから内需向けに転換し、糖業が縮小され、農業多様化がさらに進行し、農地改革によって耕作者の地位が向上し、人口圧力によって経営規模の零細化が進んだ。

国際貿易収支は依然として輸入が輸出を上回っていたが、アメリカの援助で貿易収支の赤字を補填した。物価上昇率は八・六%だったが、戦後の急速な物価上昇と比べれば穏やかであった。このように、一九五〇年代は一九六〇年代の高度成長の準備期であった。

一九六〇年代になると、毎年の農業生産成長率は四・六%だったのに対して、工業生産は一五・九%となって、さらに輸出は二二・九%の高度成長となった。GNPは九・二%の高度成長が続いていたが、物価上昇率は四・九％の低水準で、「インフレなき高度成長」を達成した。

この好景気を背景として、一九六八年には、全民就業、つまり失業者なしの状況となった。このころは、低賃金で優秀な労働力による労働集約型輸出工業が発展した。また、外国資本が主導して、電気器具と電子製品が紡織衣料製品と並んで二大輸出製品の地位を獲得した。以上の結果として、一九六〇年代の経済は外国資本と、安価な労働力、輸出志向の下で工業化と輸出が促進され、輸入代替工業から輸出加工業に転換し、高度経済成長を達成した。また、この頃にはベトナム戦争の特需もあった。

一九七〇年代の経済発展は、一九六〇年代の延長だったが、国連脱退や各国との国交断絶の傍ら「十大建設」が一九七三年に開始され、インフラ建設と重工業の基礎となる産業が建設された。また、一九七三年と七九年には二回にわたる石油危機の影響で経済成長率は大きく揺れ動いて、発展しつつあった石油を輸入して化学繊維及びプラスチック製品に加工して再輸出する「加工貿易」は石油危機による大きな影響を避けられなかった。

しかし、サウジアラビアをはじめとする産油国との友好関係、日本円の上昇が有利な条件となり、一九七〇年代に農業生産は年平均四・六％の成長を維持し、工業生産は五・二％の成長率で、輸出成長率は二八・三％に達した。ただし、この時期にはＧＮＰが年平均一〇・三％の成長だったが、物価上昇率が九・五％とインフレとなった。それでも、一九七〇年代にはその前の高度成長の成果を基盤として、輸出志向工業が重工業化する準備が進められたといえる。

続く一九八〇年代は、経済成長率が依然として不安定だったが、全体的には成長基調にあった。また、一九八五年のプラザ合意を契機とする円高によって、台湾の輸出がさらに急激に拡大した。このように台湾経済とアメリカ経済は連帯関係にあり、言い換えれば、アメリカ市場に深く依存していた。例えば、八六年と八七年はアメリカドル安と円高の影響で、一二・六%、一一・九%の成長だった。ただし、円高ドル安と連動して、台湾元の対ドルレートが一九八六年から急速に上昇した。すなわち、一九九五年には一ドル約四〇元だったのが、一九八七年には約三〇台湾元を下回った。この結果として、台湾はアメリカからの市場開放の圧力を強く受けることになった。それで台湾政府は、一九八七年に対外投資に関する規制を大幅に緩和し、またアメリカの要求に応じるかたちで輸入規制を撤廃し、関税率を引き下げ、サービス産業の台湾への投資を認めるなど、経済の自由化を進めた。

一九八〇年代の経済の特徴は、高度科学技術産業の培養に重点が置かれたことである。これについては、後述する。

ところで、台湾は「中小企業王国」の呼び名を得ていたが、一九八八年末の中小企業数は七七万三五一一社で、企業総数の九七・七二%に達していた。同年末の台湾人口がおよそ二千万人なので、単純計算をすると二六人に一人が社長ということになる。中小企業は輸出の主役でもあり、一九八八年の輸出総額六〇五億八五〇〇万米ドルのうち中小企業がおよそ六〇%、三六三億五三〇〇万米ドルを占めていた。

しかし中小企業には①生産力が低い、②規模が小さく、資金力がない、③設備投資の増加と技術革新の力が乏しい、④多くが家族経営で、優秀な人材の確保が難しい、⑤株式市場での資金確保が少ない、⑥市場調査能力や販売力が欠けている、などの欠点があるとされるので、このままでいけばこれらの弱点が、台湾経済の弱点となったかもしれない。

（六）新竹科学工業園区の設立

さて、一九八一年から二〇〇〇年の二十年間に台湾の経済はＩＴ産業を中心に急速な発展を遂げた。この時期の始まりにあたる一九八〇年から一九八五年には、台湾において十二大建設が実施された。これは十二項建設ともいうが、台中港第二期、第三期工事、高雄・屏東間の交通改良工事、台湾最南端の屏東・ガランビ道路の四車線高速道路拡幅工事、東西横断高速道路三路線の建設、南回り線鉄道の延伸、台東線の改良工事、大型鉄工所第二段階工事、第二、第三原子力発電所の建設、各県市での文化センター（図書館、博物館、音楽堂など）建設、新市街地の開発・国民住宅の整備、西岸海堤、全島重要河川堤防の改修、重要農田水利系統の重点改良、農業機械化基金の設置を進めた。

また、一九八〇年代からは、コンピュータ産業の発展が急速に進むが、その前提となったのは、国家がハイテク分野の技術開発を行い、それを民間に払い下げる産業育成策であった。

それまでの台湾では、長らく輸出加工区を主とする経済・産業政策を続けてきていたが、一九七〇年代末までに、工場労働者の賃金が上昇したこと、二度の石油危機に見舞われたこと、労働力不足、蔓延する環境汚染等々を考慮して、政府としては、「生産効果が大きく、潜在市場が大きく、技術集約型で、付加価値が高く、エネルギー消費が少なく、汚染も少ない」という基準の産業戦略を打ち出した。これに見合う、コンピュータ機器、電子部品、コンピュータ・ソフトウェアなどの情報処理産業、精密機械、農業機械、自動車部品、電気製品などの機械産業を戦略産業と定め、政策的に奨励することとしたのである。

こうして一九八〇年十二月に、ハイテク産業育成を目的として、新竹科学工業園区が創設された。これは政府の国家科学委員会が、ハイテク産業の発展を目的として、国立の清華大学や交通大学及び工業技術院（ITRI：Industrial Technology Research Institute）が地理的に集積していた新竹に、科学工業園区（Science Park）の開設を計画したものである。これによって、それ以前に台湾からアメリカに居を移してシリコンバレー等で活躍していたＩＴ関係を専門とする台湾人を、台湾へと呼び戻し、それによって電子工業・精密機械・素材産業・原子力産業などの事業の発展を目指そうとしたのである。実は、一九八〇年代中期にはアメリカの景気停滞によって、シリコンバレーを含めアメリカで働いていた台湾人の技術者、科学者に失業の危機感があった。ちょうどそのタイミングで、台湾政府が工業技術研究院を設立し、優秀な科学技術者をアメリカから帰国させ、台湾において研究、開発、生産に従事させることにしたのである。

また、ちょうど一九六〇年代から七〇年代までに輸出加工型企業で蓄積されてきた台湾内の資本を、こうしたＩＴ企業への投資に振り向けさせることで、ＩＴ企業は資本市場で資金調達が容易だったことも、この時期に台湾で電子産業が立ち上がった要因であった。

科学工業園区内は、海外居住経験者が心地よく暮らせるよう、ゆとりのある区画とし、住宅環境を整備し、技術者の家族のために幼稚園から高校までの一貫校として国立新竹科学園区実験高級中学を設ける等、単なる企業誘致を超えた新しい街づくりを実施した。これによって企業の投資、研究環境を超えた特別な施設・設備を備える地域として整備が進められた。

いわば鳴り物入りの新竹科学園区開発であったが、それでも一九八三年の生産額はわずか三〇億元にすぎなかった。しかし、十年後の一九九三年には一二九〇億元（約三八億ドル）となり、科学工業園区内で働く研究者数も、八三年の二十七人が九三年には一〇〇四人に増加した。

二〇二三年現在では、入居会社数六〇〇社以上、従業員約十七万人、売り上げは四兆円を超えている。そこでは、パソコンと周辺機器の和喬科技、光電子機器の信越光電および住華科技、集積回路の台灣信越半導體、精密機械の樂華科技および優貝克科技、東京威力科創など、日系企業も進出して活躍している。

（七）一九九〇年代の台湾経済の課題

台湾の経済工業化の発展過程を振り返ると、一九五〇年代の輸入代替工業化、六〇年代の輸出志向工業化、七〇年代の重工業化、八〇年代の高度技術産業の養成を経て、九〇年代に高度科学技術産業が軌道に乗ったので、科学技術先進国と並ぶ競争力を確保することを目標に置くことになった。

一九九一年七月から、総額三千億米ドル規模の「国家建設六年計画」をスタートさせたが、その目的は①国民所得の向上、②産業基盤の強化、③地域の均衡ある発展、④国民生活水準の向上、であった。台湾は、一九七〇年代後半にはすでに、アジアＮＩＥＳ（新興工業経済区域）として、韓国、香港、シンガポールと並び称されるに至っていたが、高度科学技術産業化と国家建設の六年計画を実施すれば、経済先進国入りが期待できるところへきていた。

確かに、一九五二年以来の台湾経済は、奇跡的に順調な発展を遂げてきた。国民一人当たりの年間平均所得（ＧＮＰ）は、一貫して上昇を続け、一九五〇年当時の五〇米ドルから一九八八年には六三三三米ドルとなり、世界銀行が定義する「高所得（六〇〇〇米ドル以上）国家」の仲間入りを果たした。その後、一九九二年には一人当たり一万米ドルを達成した。経済成長とともに、台湾ドルの対ドルレートが上がり、外貨保有高は一九八〇年代後半に急増して、八六年には四六三億一〇〇〇万米ドル、八七年には七六七億四八〇〇万米ドルとなって、日本とドイツに迫って、「金満国家」として注目を受けるようになった。その後も外貨が増加を続け、一九九二年七月以後、八五〇億米ドルの水準で、「世界一の外貨保有国」の座を獲得した。

しかしながら、順調に見えた台湾経済だが、問題もあった。中でも大きな課題は、過度の輸出依存、特にアメリカ市場への依存であった。

台湾は一九八〇年代以後、賃金の上昇と国際貿易の停滞、発展途上国の急激な追随などによって、輸出が低迷状態となった。紡織やアパレルなどの労働集約型の産業は、賃金が上昇した台湾から東南アジアや中国にシフトしたためである。一九八八年以後には、それがさらに顕著となった。

その一九八五年から八六年に、台湾経済の転機があったといわれている。一九八五年の「プラザ合意」に始まった円高と、世界的な好景気によって、一九八〇年代後半には台湾経済も数年にわたって二桁前後の高い成長率を記録することができた。この間に、台湾の製造業では、家電製品や技術水準が低い部品産業は衰退して、パソコンや半導体が主役として登場してきた。つまり、台湾の産業は、資本集約型あるいは技術集約型へと転換していったのである。

また、台湾の対米貿易不均衡、アメリカの対台湾貿易赤字拡大によるアメリカからの是正圧力も強まり、台湾は輸入の自由化、関税の引き下げ、サービス業の開放、知的財産権の保護と、台湾元の対ドルレート引揚を迫られた。さらに一九八九年にはアメリカによって、一般特恵関税の適用資格を取り消されたため、つまり台湾製品のドル表示価格が高くなって、台湾の対米輸出競争力が大幅に低下した。

これは、一九八九年以後の台湾経済の成長率の急激な低下と直接に関係がある。この時期に、輸出先としてのアメリカの比重が大きく低下して、代わりにアジア向けの部品・材料や機械設備の輸出が大きく伸びるようになった。さらに台湾は輸出先の分散化に努め、東西冷戦構造の崩壊後、かつての社会主義国への輸出を正式に開始した。しかし、新たに獲得した市場は、なかなかアメリカ市場の規模には及ばなかった。また、輸入において、日本に大きく依存する状況は継続した。

一方、一九八〇年代後半からの台湾は、民間消費が経済成長をけん引するようになって、新たな成長パターンの時代に入った。この時期には、工業部門の比重が下がるとともに、サービス産業の比重が高まった。つまり、台湾が脱工業化、経済のサービス化の時期に入ったということである。

結局、一九九〇年代に入ると、成長率は六％前後で安定的に推移し、バランスの良い構造変化が進むことになった。さらに一九九五年以降には、輸出、輸入の比重が上昇したが、消費の輸入依存度が高まり、生産は輸出志向を強めた。いずれにしても貿易依存度が高くなったわけである。

一方、台湾は成長優先の政策をとってきたため、一時は各地において環境問題が頻発、表面化する事態となった。一九八〇年代になると問題のある工場は住民に取り囲まれ、閉鎖や移転を余儀なくされることもあった。このため、政府も環境政策を重視するようになり、一九八七年に環境保護署を設置し、環境アセスメント法その他の法制度も整備した。

第七節　国際化を遂げた台湾経済

(一) 外交的孤立という課題

一九七一年十月に、中華人民共和国（中国）が国際連合に加盟したことを契機として、日本を含む国際社会では、中国との国交樹立に向かう国が多数となり、同時に中華民国とは国交を断絶した。主要国の中で最後まで台湾の中華民国との国交を維持していたアメリカも、一九七九年一月一日から中国と国交正常化を果たして、台湾と断交した。

しかしながら、日本をはじめとして多くの国は、台湾と国交を断絶しても、台湾との非政府間の実務的関係を維持した。例えば日本は、台湾に「交流協会」事務所を設け、台湾は日本に「亜東関係協会」の代表処を東京その他に設けて、実質的な交流を進めてきた。これらの機関は、二〇一七年から、日本側が日本台湾交流協会、台湾側は台湾日本関係協会と名称を変えて、今日まで継続して、相互交流は拡大を続けている。

しかしながら、経済の対外依存度が高い台湾としては、日本及びアメリカその他主要国との関係が、国交によらない実務関係であることには、幾多の不便がある。所得税の二重課税問題の解消や、出入国管理、さらには安全保障上の情報交換や相互協力などは、通常、主権国家間の公式代表による交流・交渉によって実施される。台湾経済が発展し、輸出入が拡大うすればするほど、また、台湾の人びとと外部世界の人びとの相互往来が活発になるほど、外交的な孤立状態にある台湾は、対外関係に関わる課題解決のための不便が大きくなっていった。

(二) 中台関係と日華関係

国共内戦と中華人民共和国の建国、そして蔣介石の国民政府の台湾移転以来、相互に厳しい対立が続いていた中華民国・台湾と北京の中華人民共和国政権の関係は、一九八〇年代になると改善の兆しが見られるようになる。具体的には、一九八七年十一月から、台湾の住民が、親族訪問を名目に、中国旅行をすることを、蔣経国の国民党政権が認めたのである。当初は、戦後に大陸中国から台湾に移転した軍人、政府関係者及びその家族がすでに高齢になったため、台湾と大陸と別れ別れになった親族が生きている間に会う機会を設けるという人道的措置として、親族訪問＝「探親」と称して始められた。やがて、一般的な台湾人の中国訪問＝観光旅行、またはビジネスへと拡大していく。

これにより、中国への投資が活発になり、香港を経由する貿易が年々拡大するようになった。一九八七年から九〇年の四年間で、台湾と中国の貿易は急増して、台湾の対中国輸出は毎年平均四四・一％の増加となり、中国の対台湾輸出の増加率は五四・八％に達した。

一九九〇年の双方の貿易額は四〇億米ドルを突破した。その後、双方の貿易は一九九一年には五七億九〇〇〇万米ドルに達して、そのうち台湾の対中国輸出が四六億六〇〇〇万米ドル、中国からの輸入が一一億三〇〇〇万米ドルであった。このように、対中貿易において、台湾が圧倒的な輸出超過であった。

なお、この時期の中国側の事情として、一九八九年の六四天安門事件による欧米の対中経済制裁があった。すなわち、一九七八年から鄧小平指導の下に、改革開放政策をとった中国であったが、胡耀邦の追悼を掲げて天安門広場に集まった民衆を人民解放軍の戦車が蹂躙した一九八九年の天安門事件に対する経済制裁措置により、多くの外国企業が中国から撤退する事態となった。こうした状況を打破するために、中国は、台湾企業の中国投資を積極的に進めようとし、台湾から輸出加工型企業を中国に呼び寄せることにしたのである。

ところで、中台関係は、中国及び台湾においては、「両岸関係」と称されてきた。というのは、台湾も中国も、一九四九年の毛沢東による中華人民共和国の建国宣言、そして蔣介石の国民政府の台湾移転後も、相互に、中国を代表する政権であると称してきたためである。台湾の中華民国憲法によれば、大陸中国はすべて中華民国の領土であるから、そこに他の政権が存在するはずがない。同様に、北京政権は、台湾を自国の一地方であると宣言しているから、そこに別の政権が存在することはありえない。したがって、相互に、中国と台湾を別の国として認めないから、「中台関係」はありえない。しかし、現実に、そこには別の統治当局が存在する。そうだとすれば、それは中国と台湾という別個の対等な国家ではなく、いずれか一方が本家で他方は従属的な一地方行政体ということになる。この関係を呼ぶ名称として、「台湾海峡両岸の関係」と呼ぶことになったわけである。どちらが主体でどちらが一地方であるかは、お互いに立場が異なるのだが、いずれにしても台湾海峡の両岸の関係であることは間違いない。

この「両岸関係」では、一九九三年以後に公式な交流を始めたが、それでも二〇〇八年に至るまで、航空便、海運の直航を認めず、直接投資も認めていなかった。したがって、台湾の人びとが北京や上海に飛行機で行くには、香港など第三国地域を経由していたのである。なお、一九九七年六月末までの香港は、イギリスの領土であって中国ではなかったから中継点としては都合が良かった。しかし実際には、香港がイギリスから中国に返還された一九九七年七月以後も、香港経由での相互往来は直航と見なされずに継続した。

この迂回往来と同様に、台湾から中国への企業投資も、香港など迂回経路をとることで行われており、一九九〇年代後半以後は急拡大していた。

ちょうど台湾の経済成長、人件費の上昇とともに陰りがみえてきた台湾の輸出加工型企業は、中国に工場を移転することで、より低廉な労働力を確保して、中国以外への輸出を継続し、あるいは中国市場に製品を提供することにした。その背景には、この時期の台湾企業その他各国企業からの投資に対する中国政府による各種の便宜提供もあった。

このように一九九〇年代半ばまで、国際競争力を失った労働集約型の台湾企業は、中国を中心に東南アジアなど、低賃金の地域に移転あるいは進出することで収益を上げたため、台湾経済に大きなダメージはなかった。しかし、一九九〇年代末になると、一九九〇年代以降に発展したノートパソコンや半導体などの製造工場も中国に移転・あるいは展開する傾向が顕著になった。その結果、製造業の台湾から中国へのシフトが、台湾における「産業空洞化」を招くという懸念が出てきた。

（三）台湾製造業の日本の「川下産業」構造

台湾の輸入元は、長期にわたって日本が第一位を占めており、対外貿易の赤字も日本が第一位だった。一九八九年を例にとると、日本からの輸入は、機械設備が五・三％、工業用原料が三四％で、台湾の機械設備と工業用原料の輸入総額のうち日本が九〇％近くを占めていた。そして、両者はともに、台湾の輸出加工品製造に不可欠な製品であった。概ね、台湾の輸出製品の部品と原料の八〇％近くが日本からの輸入であり、台湾の輸出を増加させるためには、対日輸入赤字がますます拡大する構造だった。つまり、輸出依存の台湾経済は、日本の「川下産業」の構造となっていたのである。しかし、見方を変えると、台湾の輸出貿易による利益は、対日貿易の赤字を補填して余りある状態だった。

このころ、対日貿易赤字と台湾の貿易黒字の連動関係は年々増大しており、一九九〇年の対日貿易赤字は七六億六〇七一万米ドル、九一年は九六億六九四〇万米ドル、そして九二年には一二九億米ドルに達した。一方、九二年の対米貿易黒字は七八億米ドルである。

このころには、日本の通産省（当時、現・経済産業省）も、対台湾貿易黒字の縮小を考慮し、台湾に高度科学産業の移転を進めようとし、日本への製品還流での「ブーメラン効果」を目指すことになった。

（四）APECおよびWTOへの加盟と自由貿易協定の拡大

以上のように、高度技術集約型産業でも成功を治め、先進国の仲間入りを果たした台湾は、一九九一年十一月十二日、Chinese Taipei として、アジア太平洋経済協力（APEC）に加盟した。これによって、台湾はアジア太平洋諸国との間で、国際機関のメンバーとしての交渉が可能になり、部分的ではあるが国際的孤立状況に風穴を開けることができた。

さらに二〇〇二年一月一日には世界貿易機関（WTO）に、「台澎金馬関税領域」の名称で加盟を果たした。これは国家の名称ではなく、台湾・澎湖島・金門島・馬祖島という中華民国の実効統治領域をもって、独立した関税領域として加盟を認められたものである。これについては、本書では第四章において詳述している。

いずれにしても、台湾は、WTO加盟によって二〇〇一年の全品目平均の関税八・二〇％を二〇一一年には五・五三％まで引き下げ、鉱工業品については同じく六・〇三％から四・一五％へ、農産品で二〇・〇二％から一二・八六％へと引き下げて、自由貿易実現に向けての当初の目標を達成した。

また、ＷＴＯの規程に沿って、二国間の自由貿易協定（ＦＴＡ）もしくは経済連携協定（ＥＰＡ）の締結を進めることで、台湾は安定した貿易関係を世界に拡大してきた。

例えば、この当時に中華民国と国交を維持していたパナマとの間で、二〇〇三年八月に台湾パナマ自由貿易協定を締結し、翌二〇〇四年一月一日に発効した。この協定では、両国間の物品貿易について九五％以上の品目を自由化することとし、投資についてはパナマ国内の陸上輸送などについて、台湾企業が内国民待遇を得ている。実際、協定発効後、台湾は六一八七品目、パナマは四一八一品目の関税を即時ゼロとした。

実施から十年後の二〇一四年以降では、パナマ側で九七％、台湾側で九五％の品目がゼロ関税となっている。その後、二〇一七年六月に台湾とパナマは国交断絶となったが、それでもＦＴＡは維持されているようだ。

続いて、二〇〇五年九月には、台湾にとって二つ目のＦＴＡがグアテマラとの間で締結され、翌年七月一日に発効した。農産品について台湾側は六四四品目（比率では四一・〇％）をゼロ関税としたが、一九五品目は除外品目とした。グアテマラ側は四四七品目を即時ゼロ関税とし、一二二品目（同二二・六四％）を除外品目とすることで合意した。

工業製品については、グアテマラ側は六六・一八％、三五〇九品目をゼロ関税とした。ＦＴＡ実施からおよそ十五年を経て、双方の貿易額は二〇〇五年の一・三億ドルから二〇一九年には二・〇九億ドルに拡大した。

台湾は欧米主要国との国交は一九七〇年代に断絶したが、中米においてはいくつかの国との国交を維持してきた。そこで、台湾は、二〇〇七年五月にはエルサルバドルおよびホンジュラスともＦＴＡを締結し、それぞれ二〇〇八年三月一日と七月十五日に発効した。

しかしながら、このうちエルサルバドルとは二〇一八年八月に国交断絶となり、エルサルバドル側では二〇二二年十一月に、台湾に対して関税削減措置を停止するコミュニケを発表した。他方、ホンジュラスとのＦＴＡは継続しており、台湾と双方の貿易は、二〇〇七年の六六〇〇万ドルから二〇一九年には一・六六億米ドルに増加している。

このほか、台湾は二〇一三年にニュージーランドと経済協力協定（ＡＮＺＴＥＣ）を二〇一七年にはパラグアイとの経済協力協定（ＥＰＡ：Economic Partnership Agreement）を、二〇一八年にはエスワティニとの経済協力協定を、二〇一九年にはマーシャル諸島との経済協力協定を、そして二〇二〇年にはベリーズと経済協力協定を締結した。これら経済協力協定では、ＦＴＡの基本である関税の軽減、ゼロ関税のほかに、貿易、関税手続き、二国間協力、投資促進、紛争解決、あるいは知的財産などについても合意している。

（五）中台経済関係の変遷

二十一世紀の台湾経済に大きな影響を与えたのは、二〇〇八年五月に発足した国民党・馬英九政権と、胡錦涛政権との経済交流促進策であった。

すでに述べたように、一九九〇年代には、台湾と中国との間の物品貿易と人的往来は拡大していたが、それでも中台間の船舶、航空機の直航は認められず、郵便物などについても直接の送付ができないことになっていた。しかし香港経由その他のルートを使った中台の経済関係は、二〇〇〇年から二〇〇八年の、台湾が民進党・陳水扁政権の時期に大幅に拡大していた。この間、いわゆる「台湾独立志向」の陳水扁政権と、中国との政治的交渉は停止し、また、米台、日台関係においても軋轢が見られることもあったが、経済的には交流拡大が継続していた。実際、二〇〇〇年五月の台湾から大陸中国への輸出は四億ドルだったが、二〇〇八年五月には六六億七〇〇〇万ドル超となり、同時期の輸入も五億九〇〇〇万ドルから二九億五〇〇〇万ドル超へと、輸出が十六・五倍、輸入が五倍に急増した。とはいえ、中国の製造業の発展によって、二〇〇五年以後は、中国国内でも輸出加工型企業が成長して台湾の企業との競争が激しくなっていた。

こうしたなかで、中台関係に変化をもたらしたのは二〇一〇年六月二十九日の台湾と中国との間の海峡両岸経済協力枠組み協定の締結である。

二〇〇八年五月に国民党の馬英九が総統に就任すると、六月十三日に北京で中台間の公式交渉が行われ、相互の人的交流と観光について合意し、署名した。この交渉を担当したのが、台湾側は海峡交流基金会の江丙坤理事長、中国側は海峡両岸関係協会の陳雲林会長であったので、これ以後も含めてこれらの交渉は江・陳会談と称された。

これにより、チャーター便の航空機での中台間の直航による相互交流が開始された。なお、中国と台湾を交互に訪問する形で江・陳会談は繰り返され、二〇一〇年六月に第五次江陳会談は予備会談が台北で、正式会談が中国の重慶で実施され、六月二十九日に重慶において両岸経済協力枠組み協定が署名された。なお、八月十七日に台湾の立法院（議会）において同協定は賛成多数で承認された。同協定では、包括的な合意に先立って早期収穫清単（アーリーハーベスト品目）を定めて、中台間の協定にもとづく交易を早期にスタートできるようにした。実際、二〇一一年五月の台湾から中国への輸出は七八億一〇〇〇万ドル超で、馬政権発足から三年間で一八％、一二億ドル増、輸入は四二億五〇〇〇万ドルほどで、これも三年間で四五％、一三億ドル増になっている。

また、二〇一一年二月からは、物品貿易に続いてサービス貿易協定に向けての協議も開始した。同協議は、二〇一三年六月二十二日には、台湾側の海峡交流基金会の林中森理事長と中国側の陳徳銘会長との間で合意され、署名が行われた。しかし、台湾では、この協定の議会（立法院）承認をめぐって与野党間の対立が顕在化した。

民進党等の懸念は、この協定でサービス業、メディア及び銀行などの金融業についても中台相互にオープンにして、相互進出が認められる点であった。例えば、マッサージなどのサービス業を想定すると、台湾側の賃金が中国側よりかなり高かったから、台湾企業が中国でマッサージ業を開業するメリットは乏しく、中国側が台湾で開業するメリットが大きい。台湾人より給与が安い中国人を使って台湾で安価なマッサージ店を営業すれば、台湾側の企業は大きな打撃を受ける可能背があった。また、テレビなどのメディアの場合、中国企業が台湾企業より規模においてかなり大きいから、中国のテレビメディアが台湾に進出すると、台湾メディアは太刀打ちできなくなる。さらに、銀行についても膨大な資金力と営業規模を持つ中国の銀行が台湾に進出すれば、相対的に小規模な台湾の銀行は経営が難しくなる。

この結果、台湾の金融もメディアも中国が掌握することになれば、中国は経済を通して台湾の併呑を進める危険性がある。このような懸念が、民進党支持者はもとより、一般の学生や若者に浸透した。

結局、二〇一四年三月十八日に、国民党は立法院で強行採決、協定の締結を可決したが、これに反対する学生が立法院を占拠するにいたる。いわゆる「ひまわり学生運動」である。国民党の王金平立法院長（議長）が、学生の意見を認める形で、立法院の承認を棚上げしたため、サービス貿易協定は批准されず、二〇二三年十一月現在発効していない。

いずれにしても、中台間の貿易は二十一世紀になって増大を続け、台湾から中国への輸出では、両岸経済協力枠組み協定が締結された翌年、二〇一一年には八五一億ドルで、二〇一四年までは八三五億ドルから八五〇億ドルの間で推移した。しかし、ひまわり学生運動の翌年、二〇一五年と二〇一六年には七三二億ドル、七三七億ドルと、一〇〇億ドルほど減少した。その後中国が「台湾独立派」と非難している民進党の蔡英文政権が台湾に誕生した二〇一六年の翌年、二〇一七年には八八七億ドル、二〇一八年には九六四億ドルと拡大となり、中国が台湾からの輸入を認めて経済交流を拡大したことがわかる。しかし二〇一九年には九一八億ドルに減少しており、コロナ禍の前年であるにもかかわらず四六億ドルの大幅減少になった。あるいは、蔡英文政権が進めた経済の対中依存度を引き下げて、東南アジア諸国との経済関係を拡大する「新南向政策」の成果が若干現れたのかもしれない。

一方、中国から台湾への輸入額は、二〇一一年には四四〇億ドルであり、中台の貿易は、台湾側の四一〇億ドルの輸出超過だった。その後、二〇一四年には輸入額は四九二億ドルに増加したが、それでも三六〇億ドルほどの輸出超過である。その後、二〇一五年、一六年もそれぞれ四五二億ドルと四三九億ドルであって、対中輸出が二〇一六年から減少したのと異なり、「ひまわり学生運動」後も中国から台湾への輸入について急激な影響は出ていない。

第八節　近年の日台の経済関係

(一) 日台間の各種「民間協定」の締結

また、日本との関係では、二〇一一年九月二十二日に、日本側の交流協会（現・日本台湾交流協会）と、台湾側の亜東関係協会（現・台湾日本関係協会）との間で、「投資の自由化、促進および保護に関する相互協力のための財団法人交流協会と亜東関係協会との間の取決め（略称、日台民間投資取決め）」が交わされた。これは、日本と台湾との間で、投資活動や投資財産の保護について、相互に「内国民待遇」および「最恵国待遇」による無差別待遇が与えられるようにすること、投資活動の条件として特定の要求を課さないこと、投資家と投資先当局との間で問題が生じた場合、当事者間の合意を前提に国際的な仲裁規定を利用して解決が図られるようにすることを合意したものである。

二〇一八年から二〇二〇年の日本と台湾の貿易は、日本から台湾への輸出額が、二〇一八年四四一億ドル、二〇一九年四四〇億ドル、二〇二〇年四五九億ドル、二〇二一年五六一億ドルと、コロナ禍が拡大した二〇二〇年を乗り越えて二〇二一年まで増加を続けていた。二〇二二年には五四六億ドルへと減少した。これはドル表示なので、円安で目減りしたためだ。一方、台湾からの日本の輸入額は、二〇一八年の二二八億ドルから、二〇一九年二三二億ドル、二〇二〇年二三三億ドルと横ばいであったが、二〇二一年には二九二億ドルに、二〇二二年には三三六億ドルへと増大した。これも為替の変動を考慮しなければならないが、新型コロナウイルス感染拡大で、商業活動が停滞したなかで、日本と台湾の間の輸出入は基本的に堅調、あるいは増加基調にあることがわかる。

なお、二〇二二年には、日本は台湾の輸入相手国・地域として二位であり、輸出相手国・地域としては四位である。一方、日本の貿易相手国として、台湾は二〇一一年には十二位、二〇一八年が七位、二〇一九年が六位だったが、二〇二〇年には四位になった。経済状況は年ごとに変化するものだが、その いずれにしても、人口二三〇〇万人ほどの台湾が、日本にとって主要な貿易パートナーであり、その順位は上昇傾向にある一方、台湾にとっても、日本は主要な貿易パートナーであることが明らかである。また、日台間では一九六〇年代以来、ほぼ一貫して日本の輸出超過であり、二十一世紀になって以後、この数年の状況としても、この点では基本的に変わっていないことが確認された。つまり、台湾は、日本にとって常に輸出超過の、良いお得意さんであり続けているということである。

また、近年では、世界最大の半導体製造企業であるTSMCが日本に進出することになって、二〇二四年の開業を目指して熊本工場の建設が二〇二三年には急ピッチで進められている。さらにTSMCでは、いまだこの工場が稼働しないうちに、早くも日本に第二工場を作る計画を発表している。かなり大型の投資事例であるが、これについては本書の第二章と第三章を参照してほしい。

(二) 日台相互のチェーン店の展開

なお、近年の日本と台湾の間では、それぞれのチェーン店の相互進出が進んでいる。

日本から台湾への進出の初期の例としては、一九八六年のそごうデパートがある。台湾の太平洋建設との合弁で太平洋崇光（太平洋ＳＯＧＯ）の台北忠孝館が開業した。その後、一九九四年には台北敦化館、一九九六年に高雄店、一九九八年に中壢店、一九九九年に新竹店、二〇〇三年には台北一〇一館（二〇〇八年に閉店）、さらに二〇〇四年に中壢中央新館、二〇〇六年に台北復興館、二〇〇九年に台北天母店が開業した。なお、二〇一七年からは店舗名が「遠東ＳＯＧＯ」となっている。そして今や、太平洋ＳＯＧＯは、台湾を代表する百貨店チェーンとなっている。

続いて三越百貨店が、新光グループとの提携で、新光三越として一九九一年に台北に一号店を開業した。その後、桃園、台中、嘉義、台南、高雄にも出店して、現在では台湾全体で十五店舗が営業している。新光三越は、「老舗」「高級」といった日本の三越のイメージだけではなく、購買層として若者も対象としていて、「都会的」「若者向け」のイメージをもっている。

日本の百貨店では、この他に高島屋が一九九四年に、当時は機械製造企業であった大葉との合弁で台北市天母に大葉高島屋として開店した。この店舗は、大型水槽、つまり水族館のあるデパートとして有名である。

なお、「洋服の青山」は、一九九三年に海外の一号店として台北に出店した。繁華街の大通りに面した店舗の看板は、ひらがな交じりの「洋服の青山」のままで、各地に分店を展開していた。しかしながら、売り上げが伸びず、順次閉店していたが、新型コロナウイルス禍のなか、二〇二一年十二月に、台北市内の最後の二店舗を閉じて、完全撤退した。

日台間の経済交流で有名な事例としてシャープの台湾・鴻海による買収がある。シャープの場合、一九六九年に台湾の家電企業であった声宝との技術協力でカラーテレビの製造を開始したが、一九九〇年には両社の共同出資で「夏宝股份有限公司」（SHARP Corporation; Taiwan）を設立、正式にシャープの系列会社となった。なお、シャープは、台湾では「夏普」という字で表記しているが、発音はほぼ「シャープ」である。

しかしその後、半導体生産その他でシャープが経営難に陥り、二〇一六年に鴻海集団の傘下に入ることが決定し、夏宝は解散。二〇一七年に台灣夏普國際股份有限公司（Sharp(Taiwan) Electronics

Corporation）となり、その後、二〇一九年に「国際」の字を削除して、臺灣夏普となっている。これについても、次の章を参照して欲しい。

さて、飲食業では、牛丼の「吉野家」は、一九八八年に台北に一号店を開店してから、現在までに六十店舗が展開している。すなわち基隆市に一店、台北市には二十一店、新北市に二十二店、桃園市に四店、新竹市に四店、台中市に二店、高雄市に五店、屏東県に一店が展開している。

同じ牛丼の「すき家」の場合、二〇一三年に台湾に進出して以来、現在は台北市に二十八店、新北市に十七店、基隆市に一店、桃園市に八店、新竹市に三店、台中市に九店で合計六十六店を展開している。このように「吉野家」と「すき家」が全国主要都市に店舗を展開していることで、今や牛丼は台湾人ビジネスマンにもなじみの味となっている。

このほか、今日では、台湾の各地にファミリー・レストランのサイゼリヤ、カレー専門店のCoCo壱番屋、とんかつの新宿さぼてん（勝博殿）、焼き肉の牛角、食堂の大戸屋、うどんの丸亀製麺、富士そば、ハンバーガーのモスバーガー、ミスタードーナッツ、甘味の麻布茶房、ラーメンでは、一風堂、山頭火、らあめん花月嵐、一蘭などが展開しており、日本食は台湾の人びとにとって、馴染み深い味となっている。

日用品、衣料品では、TSUTAYAやユニクロ、無印良品、しまむらなども各地に店舗があり、とても紹介しきれない状況にある。

一方、日本に進出している台湾のグルメとしては、小籠包の鼎泰豊（ディンタイフォン）、京鼎楼（ジンディンロウ）、餃子の台北餃子 張記（タイペイギョウザ チョウキ）、パイナップルケーキのSUNNY HILLS（サニーヒルズ・微熱山丘）、タピオカミルクティーの発信元となった春水堂（チュンスイタン）、ウーロン茶その他の貢茶（ゴンチャ）など、こちらも数え上げたらきりがない状況にある。

以上のように、今日の日台関係では、IT産業や機器製造業などの企業間の大規模な協力関係が深化・拡大しているほかに、一般市民の日常生活を取り巻く飲食業において、きわめて密接な相互交流が進んでいる。これは、台湾人にとって日本が、日本人にとって台湾が、身近な親しみやすい存在として感じられる要因となっている。

本書は、日台の経済関係の紹介を主眼とすることから、日本と台湾をとりまく安全保障環境の緊迫化について論じるものではないが、昨年までに出版した日台関係研究会研究叢書において示してきたように、日本と台湾とは運命共同体である。安倍晋三元首相が二〇二一年十二月に指摘したように、「台湾の有事は日本の有事、日米同盟の有事」である。

その日台両国が、今必要な安全保障協力を強化、進展させるためには、両国国民のお互いの親密な関係、相互理解が必須の前提となる。二〇二二年の岸田首相の国会に対する書面答弁でも、日本と台湾は相互に信頼関係をもつパートナーという関係である。そのパートナー関係は、経済交流のさらなる深化・拡大とともに、日常生活感覚での相互の親しみと信頼関係が拡大することを期待している。

（追記）本論稿は、平成国際大学の阿久津博康教授、漆畑春彦教授と、東京国際大学の野澤基恭教授との共同による研究プロジェクト「日本発の『自由で開かれたインド太平洋』戦略と台湾」への、平成国際大学による研究助成金を得て執筆したものである。ここに記して感謝の意を表したい。

主要参考文献

斎藤一夫「台湾における農業と経済の発展」（農林水産省農業総合研究所『農業総合研究』第二十三巻二号、一九六九年四月）
石田浩「戦後台湾経済と民間中小企業の役割」（関西大学経済論集、第四十七巻三、四号、一九九七年十月）
佐藤幸人「第一〇章　台湾」（財務省財務総合政策研究所「『経済の発展・衰退・再生に関する研究会』報告書」、二〇〇一年六月）
涂照彦『台湾からアジアのすべてが見える』（時事通信社、一九九五年）
渡辺利夫・朝元照雄編著『台湾経済入門』（勁草書房、二〇〇七年）
伊藤潔原文・陳水螺譯『臺灣歷史』（台北市、前衛、二〇〇四年）
涂照彦『涂照彦論稿集第2巻　台湾の経済』（福村出版、二〇一〇年）
渡辺利夫・朝元照雄編著『台湾経済読本』（勁草書房、二〇一〇年）
何義麟『台湾現代史』（平凡社、二〇一四年）
浅野和生『台湾の歴史と日台関係』（早稲田出版、二〇一〇年）

浅野和生編著『中華民国の台湾化と中国』（展転社、二〇一四年）
浅野和生編著『一八九五―一九四五　日本統治下の台湾』（展転社、二〇一五年）
台湾銀行編『臺灣銀行五十年』（一九九六年十二月）
「わが外交の近況　第１号」（外務省、昭和三十二年九月）https://www.mofa.go.jp/mofaj/gaiko/bluebook/1957/s32-contents.htm から
「わが外交の近況　第６号」（外務省、昭和三十七年六月）https://ww.mofa.go.jp/mofaj/gaiko/bluebook/1962/s37-contents.htm
「全國規資料庫」→條約協定→亞太地區→日本　https://law.moj.gov.tw/Law/LawSearchAgree.aspx?TY=D19005000000&set=3 より
「中華民國與日本國貿易付款辦法」（一九五三年六月十三日）
「中華民國與日本國間貿易付款之議定書」（一九五三年六月十三日）
「中華民國四十二年度中日貿易計畫」（一九五四年）から
「中華民國四十九年度中日貿易計畫」（一九六一年）まで
「中華民國與日本國間貿易及付款辦法」（一九六一年）
「中華民國與日本國政府日圓貸款換文」（一九六五年）

第二章　二十一世紀を迎えた台湾の経済と日台関係

平成国際大学教授　漆畑春彦

I．台湾のハイテク産業政策と企業

一九六一年から一九八〇年の二十年間は、台湾経済のテイクオフ期であった。多国籍企業が台湾に投資を始め、台湾本土の起業家が台頭し、輸出加工業が確立され、対外貿易は入超（輸出＜輸入）から出超（輸出＞輸入）に転じ、外貨準備が増えた。一九六〇年代、台湾には低廉で良質な労働力が大量にあり、一九六五年に高雄に設置された輸出加工区（外国企業に税優遇、通関簡素化、融資の便宜を与える特別区）には、日本の中小輸出加工業者が輸出加工基地を台湾に移すことになった。欧米多国籍企業も、東南アジア市場に近い台湾に、輸出加工基地を移した。こうした外国人投資が、台湾の輸出加工型の経済成長を促し、雇用機会の増加による所得増加をもたらした。台湾の個人所得は、一九六〇年の一五四米ドルから、一九七三年に六九五米ドル、一九八〇年には二三四六米ドルまで上昇した（鄭世松「百年来の台湾経済発展の軌跡」『交流』No.884　二〇一四年十一月、六頁）。重要なのは、一九七〇年代までに多くの台湾企業家が成長し、台湾市場で外国企業と競合するまでになったことである。一九八〇年代にかけて、台湾は、単なる農業や軽工業主体の経済から、製造業を主幹とする工業主体の経済に脱皮したのであった。

台湾の工業化はその後も着実に進展・高度化し、一九八一年から二〇〇〇年までの間、台湾では、盤石な産業政策の下でIT産業が興った。これにより台湾は、さらに急速な経済成長をとげ、国内資本形成が加速することになった。台湾政府は、新産業を興し次なる経済成長を確実とするために、工業技術研究院（ＩＴＲＩ）を設立し、米国で勤務していた優秀な台湾人科学技術者を帰国させ、新科学技術の研究・開発を担当させた。技術者の帰国と創業を助けるために設立されたのが、新竹科学工業園区であった。一九七〇年代から一九八〇年代にかけ発展した輸出加工型企業は、台湾国内に多くの資本蓄積をもたらしており、その資本が新興ＩＴ企業の育成に振り向けられた。

一九八〇年代から二〇〇〇年代前半にかけては、新興ＩＴ産業の資金調達環境の整備も進んだ。一つはベンチャーキャピタル（ＶＣ）の導入である。もう一つは、証券取引所を中心とするハイテクＩＴ企業向け資本市場の整備である。これにより、台湾ＩＴ企業は株式や債券を通じた資金調達が容易になった。二〇〇〇年代に入るまでには、台湾のハイテク産業が本格的に成長するに必要な環境基盤がほぼ整っていた。

１．科学工業園区と工業技術研究院

一九七九年に「科学技術園区設置及び管理条例」が制定され、一九八六年に開催された「第３次全国科学技術会議」で決定した科学技術の発展方向に沿って、台湾におけるハイテク企業の育成が進められた。一九八〇年十二月、台北から南に約一〇〇キロの新竹に「台湾版シリコンバレー」ともいうべき「新竹科学工業園区（サイエンスパーク）」が設置された。近隣には、精華大学、交通大学といった名門理工系国立大学があり、工業園区にはハイテクに係る研究開発、ハイテクを用いた起業について、数多くの人材が供給された。

新竹科学工業園区の設置以降、台湾には相次ぎ同様の園区が設置されたのだが、園区設置の背景には、一九七〇年代、台湾政府の重化学工業化政策が一九七三年の第一次石油危機によって、少なからず揺らいだことがあった。原油高騰は、大規模設備・工場で膨大なエネルギーを使用する重化学工業において、大幅なコスト増加要因となった。しかもこの時期、公害・環境汚染が社会問題化して市民による環境保全運動が高まったこともあり、重厚長大型産業の発展は少なからず阻害されることになった。また、一九六〇年代から顕在化していた労働力不足の影響もあり、労働集約型産業から資本・技術型産業へのシフトが、台湾経済社会においても求められたのである。台湾の産業育成は、一九八〇年代に重厚長大型産業から、産業の高度化、軽薄短小型産業にシフトするようになった。台湾政府は、一九八一年から「二大、二高、二低」を国の戦略産業（策略性産業）に指定した。「二大」は「市場潜在力、産業連関効果が大きい」、「二高」は「付加価値、技術水準が高い」、「二低」は「エネルギー消費、環境汚染度合いが低い」ことを意味している。具体的には、情報処理、電子機器、機械など新技術、ハイテク分野を戦略産業として指定したことが、後の台湾産業の発展に大きな意味を持つことになった。

産業発展に必要な制度の整備も併せて行われた。経済活性化に向け、一九六〇年九月に企業発展法の一環として「投資奨励条例」が制定され、税金の減免、政府開発基金の設置等の施策が盛り込まれた。投資奨励条例の施行期限満了に伴い、一九九〇年十二月に公布された産業進級促進条例では、企業革新を促進するため、①税金の減免、②開発基金による投資、融資及び技術の導入、③技術更新への助言、④工業区の設置、⑤産業投資、⑥一定規模に達しかつ大きな経済効果と利益を台湾にもたらす企業の運営本部の設置の奨励などの優遇措置を設けている。こうした一連の条例整備が、工業園区の設置やそこで起業されたスタートアップ企業の育成に向けた法的基盤となった。

一九八〇～一九九〇年代、新竹科学工業園区には百社以上のハイテク企業が工場を設けるようになり、パソコン、パソコン周辺機器、半導体、通信機器、光技術機器が製造され、二十万人の雇用機会が創出されるようになった。一九八〇年代には、新竹科学工業園区が拡張され、台湾南部の台南に「台南科学工業園区」が新設された。台南園区では、主としてバイオ技術、半導体と液晶を中心に研究開発が行われた。台南周辺には、名門総合大学の国立成功大学があり、奇美実業など有力企業の主力工場があった。台南園区に続き、一九九九年には、「竹南科学工業園区」、「中部科学工業園区」が建設された。

台湾のハイテク政策の成功には、法整備を含めた政府の産業政策のほか、工業技術研究院（本部は新竹科学工業園区内）による技術的支援も大きく貢献した。工業技術研究院（Industrial Technology Investment Corporation : ITIC）は、一九七三年に連合工業研究所、連合鉱業研究所、金属工業研究所を統合して設立され、財団法人として運営されてきた。ＩＴＩＣがカバーする研究分野は順調に拡大を続け、一九九〇年代から二〇〇〇年代に入る頃には、電子、光技術、電脳・通信、機械、化学、工業材料、エネルギー・資源の七研究所、計測技術、航空・宇宙、工業安全・衛生の三研究開発センターを擁する大規模な研究組織となっていた。

台湾内外の大学院で修士・博士号を取得した人材が、ＩＴＩＣで研究院の職を得、研究・開発業務に就いた後、研究業績をあげて民間企業あるいは自ら起業する形でその成果を製品化する。ＩＴＩＣは、台湾におけるハイテク産業のインキュベータとして大きな役割を果たしてきた。現在は、台北市、新竹市、新竹県、台中市、南投県、台南市などに研究地区、オフィスを構え、六〇〇〇以上の研究者が勤務する、台湾科学技術の発展における重要拠点となっている。

研究院は例えば、世界最大の半導体受託製造企業（ファウンドリ）、台湾積体電路製造股份有限公司（Taiwan Semiconductor Manufacturing Company, Ltd.：TSMC）の会長の張忠謀（モリス・チャン）氏は、ハーバード大学、マサチューセッツ工科大学を経てスタンフォード大学で博士号を取得、シルバニア・エレクトリック・プロダクツ半導体部門のシルバニア・セミコンダクタに入社した。その後米テキサス・インスツルメンツ社の副社長からＩＴＩＣ院長を歴任している。台湾の半導体産業の創始者として知られている。

半導体受託製造大手の聯華電子股份有限公司（United Microelectronics Corporation：UMC）会長の曹興誠（ロバート・ツァオ）氏は、工業技術研究院電子工業研究所の副所長を歴任した経歴を持つ。曹氏は、ＴＳＭＣの張会長とともに、台湾半導体産業勃興期を作り出した双璧ともいえる人物である。創立以来、ＩＴＩＣは、百四十人以上の企業ＣＥＯを育成・輩出し、二百四十社以上のハイテク企業を設立し、累計で二万件以上の特許を取得した。台湾の有望で鍵となる多くの技術創出だけでなく、多くの新興科学技術産業、科学技術人材を育成してきた。ここから企業へ転身した多くの人材が台湾

台湾工業技術研究院（中興院区・新竹県竹東鎮）

経済を牽引している。張忠謀、曹興誠のほか、不揮発性メモリ市場の統合型デバイスメーカーの旺宏電子（Macronix）会長の胡定華、コードストレージ用フラッシュメモリ、特殊ＤＲＡＭ製造の華邦電子（Winbond）の会長楊丁元や章青駒、ＩＣ設計最大手の聯発科技（MediaTek）会長で「台湾ＩＣ設計業界の神様」と呼ばれる蔡明介ら大企業経営者は、台湾産業に対し大きな影響力を持つに至っている。彼らは、台湾新興科学技術産業を無から有に創り上げ、世界中の注目を集めるような成果を上げたのである。

2．ハイテクＩＴ産業の資金調達環境の整備

数々の産業政策とともに、ハイテク企業

の資金調達環境の整備も進められた。一九八三年、台湾に「創業投資事業（ベンチャーキャピタル）」の概念が導入された。ベンチャーキャピタル（venture capital：VC）は、未上場の新興企業、ベンチャー企業に出資して株式を取得し、将来的にその企業が株式を公開・上場した際に株式を売却し、大きな値上がり益の獲得を目指す投資会社や投資ファンドのことである。いかに高水準な技術を有しても、業歴が浅く実績にも乏しい新興企業に対し、銀行が融資資金を提供することは考えにくかった時代、ＶＣは当該企業への重要な事業資金供給源となった。

一九八三年十一月の創業投資事業管理規則、一九八四年十二月の改正投資奨励条例の制定に伴い、企業形態、設立申請、事業内容、税制優遇などＶＣに係る諸規定が整備されることになった。管理規則に従った台湾初のＶＣ設立は一九八四年のことだが、特に一九九六年から二〇〇〇年までに、ＶＣ企業数は四十八社から百九十二社、資本総額は二五五億元から一二八一億元に飛躍的に増加した。そして、二〇〇二年までに九〇〇億元を超える資金を投資し台湾ＩＴ産業の資本形成に大きく貢献した（中華民国創業投資商業同業公会調べ）。さらに台湾のＶＣは、二〇〇二年までに国内外三百社以上のハイテク・ＩＴ企業の株式公開を実現した。本章で取り上げる半導体、精密、電子機器分野の大手企業の大半は、創業期にＶＣ資金を活用し発展をとげている。

ハイテク企業向け資本市場の整備も進められた。台湾証券取引所（Taiwan Stock Exchange：TWSE）は、一九六一年十月に設立された。ＴＷＳＥへの上場は一般企業と科学技術企業の二つがあり、業歴や事業実績は乏しいが高水準な技術力を有するベンチャー企業は後者を目指す。一般企業の上場では、最低業歴基準（三年以上の業歴）、最低収益基準、必要株主数で高い基準をクリアしなければならないが、台湾経済部、ＴＷＳＥが委託する専門認証機関による認定を経れば、後者の上場基準は緩く抑えられたことで、半導体、電子機器など多様なハイテク企業が資本市場から資金調達することが可能となっている。

一九八八年には、台北ディーラー協会により、店頭市場が開設され、一九九四年のグレタイ証券証券取引所（GreTai Securities Market：GTSM）の設立に伴い、店頭市場はＧＴＳＭに移管された。グレタイ証券取引所は、ハイテク業種中小企業の資金調達の場として拡大を続けている。

3．半導体産業を構成する企業群

新竹科学工業園区や工業技術研究院が生み出した、現在までの最大の成果は、多くの世界的半導体企業や関連人材を世に送り出したことであろう。この数年、半導体市場は急速に拡大している。二〇二〇年からの十年間でほぼ倍に拡大し、九〇〇〇億ドル（二〇二〇年初頭の米ドル相場で換算すると約九七兆円）規模に達するとも予測されている。半導体の需要は、多少の需給変動は予想されるものの、今後順調に拡大するものと見込まれている。

現在、個人・社会生活、産業分野のあらゆる場面において、デジタルテクノロジー（ＤＸ）の進展による生活やビジネスの変容が進行している。より多くのデータを流通させ、処理し保存するために、クラウドやデータセンターの需要が拡大しているが、それには現状型、進化型半導体が不可欠になってくる。

また、今後ＡＲ／ＶＲ（拡張現実と仮想現実）技術の進展により、現実世界と異なる三次元の稼働空間での体験やそのサービスを提供する場合の「メタバース」がある。それを実現するＡＲ／ＶＲ技術として、半導体の進歩した微細化技術と超高精細ディスプレイ技術として、半導体の進歩した微細化技術、超高精細ディスプレイ技術の融合が求められ、新たな技術開発による半導体とディスプレイが一体化した新規デバイスが必要とされる。安全・快適な自動運転を行うためには、様々な情報をリアルタイムに収集・処理し、最適な判断を下しながらそれを運転に反映させる技術、高速通信網と５Ｇ（第５世代移動通信システム）、Ｂ５Ｇ（beyond 5G）の高速大容量通信網の確立とともに、様々なセンサー、情報処理用の半導体の高性能化が求められる。ほかにも、モノのインターネット技術 IoT（Internet of Things）、人間のような自然な会話ができるＡＩチャットサービスの ChatGPT（チャットＧＰＴ）、ドローン、ロボットなど、今後社会のあらゆる場で普及・拡大する技術において、半導体は中核的な存在となっていくだろう。そして、その半導体市場において、台湾半導体企業はこの有望市場を牽引する立場にあるのである。

その有望市場を担う半導体産業は様々な業界が関係し、非常にすそ野の広い産業である。半導体メーカーは大きく、①設計、製造から販売までを一貫して行うＩＤＭ、②ＩＤＭを取り巻く関連メーカー、③ファブレス、ファウンドリ、ＯＳＡＴの三つがある（図表1）。

まず、①設計、製造から販売まで一貫して行うＩＤＭと呼ばれる企業群、垂直統合型のＬＳＩ製造

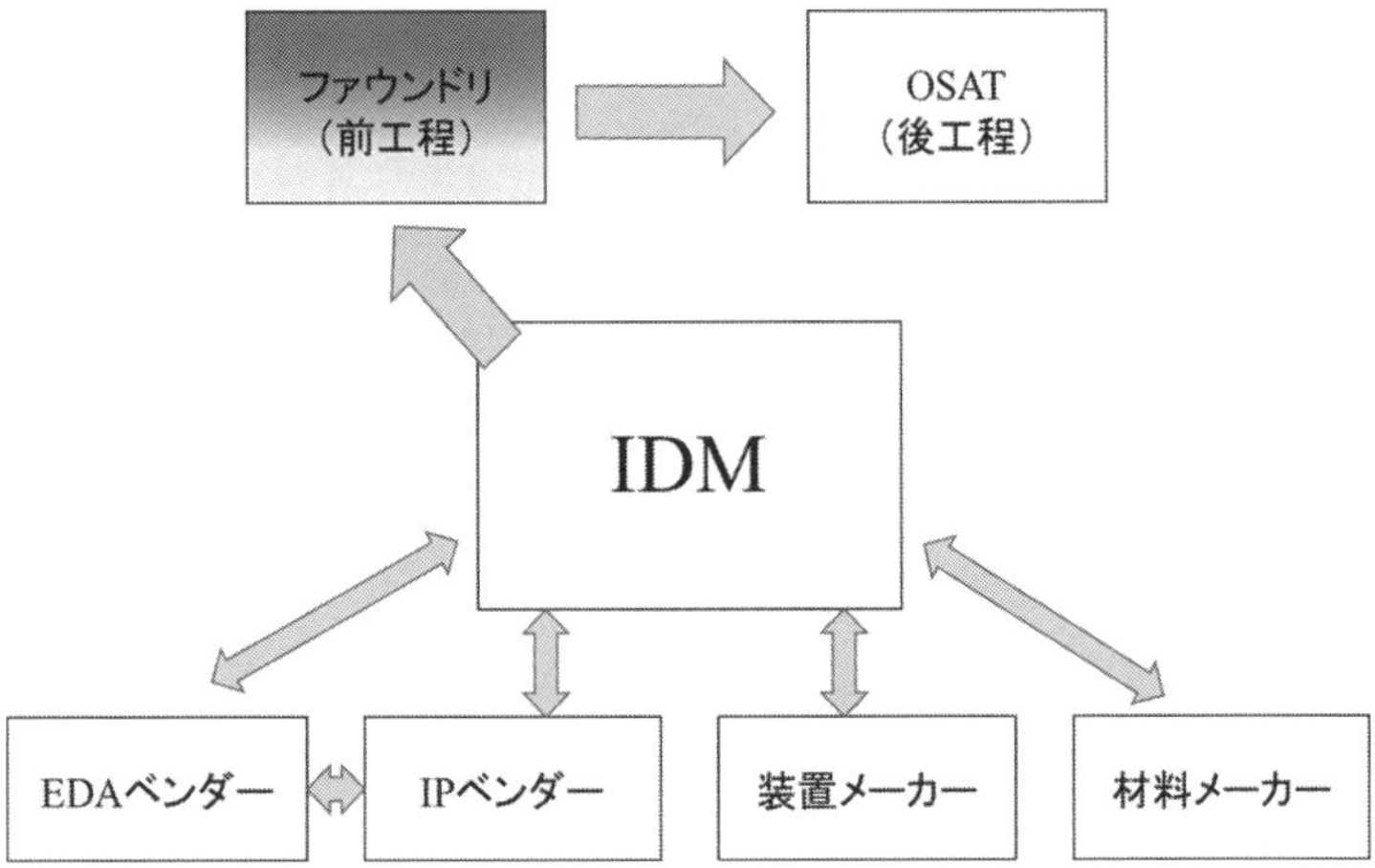

図表１　半導体ビジネスの鳥観図

菊池正典『半導体産業のすべて〜世界の先端企業から日本メーカーの展望まで〜』（ダイヤモンド社、2023年2月、36-41頁）を参考に作成

業がある。これは、半導体デバイスを自社で設計し、製造から販売までを一貫して行うメーカーである。代表的なものに、インテル、サムスン電子、キオクシアなどがある。ＩＤＭは、半導体産業の中心を占めている。

②の関連メーカーとしては、ＥＤＡベンダー、ＩＰベンダー、半導体製造に必要な製造装置、多種多様な材料を提供する装置メーカー、材料メーカーなどがある。まず、ＥＤＡベンダーは、電子設計を自動化するためのハードウェア、ソフトウェアをＩＤＭやファブレス企業に提供し、その設計作業を支援する企業のことをいう。具体的には、半導体の設計ツールである論理合成、回路設計、レイアウト設計、それらの検証ツールさらにデバイス、回路、システムなどのシミュレーション用ツールを提供している。米国のシノプシス（Synopsys,Inc.）、ドイツのシーメンスＥＤＡ

(Siemens EDA) などが代表的企業である。

IPベンダーは、半導体が使用される用途や分野によってまとまった回路機能ブロックを有する設計資産としての知的資産(IP)をIDMやファブレス企業に提供する企業である。IDMは、それらIPを有効活用することで、より早く優れた特性を持ったLSIを設計することができる。

また、③の「ファブレス(Fables)」は、自社で製造せず(自社工場を持たず)、半導体の開発・設計に特化する企業である。「ファウンドリ」は、自社ブランドを持たず、半導体製造の前工程の作業を請け負い、顧客の設計データに基づいた受託生産をする会社である。研究開発部門を持たず、製造に特化したニッチビジネスであり、台湾が独自に打ち出したビジネス形態である。台湾積体電路製造股份有限公司(TSMC)は半導体ファウンドリ企業として世界最大、それに続く聯華電子股份有限公司(UMC)、力晶積成電子製造股份有限公司(Powerchip Semiconductor Manufacturing Corporation：PSMC)も、同じく半導体ファウンドリ企業として、世界有数の企業である。TSMCをはじめとする企業の活躍により、台湾はファウンドリ分野で世界シェアの大半を掌握するようになった。ファウンドリに対し、OSAT企業(Outsourced Semiconductor Assembly and Test)は、半導体製造の後工程作業・テストを行う企業である。

台湾の半導体企業は、上記のうちファウンドリの分野で一大勢力を形成している(図表2)。「ファウンドリ(foundry)」は、もともと「鋳造、鋳造所」の意味がある。鋳型があれば、同じ型をした金属製品を何個でも作ることができる。半導体の場合も、回路パターンが形成されたマスク(半導体集

企業	本社所在国	英文名・特徴
台湾積体電路製造股份有限公司(TSMC)	台湾	Taiwan Semiconductor Manufacturing Company, Ltd.
サムスン電子	韓国	Samsung Electronics Co.,Ltd.　※IDM大手の一角
グローバル・ファウンドリーズ	米国	Global Foundries
中芯国際集成電路製造(SMIC)	中国	Semiconductor Manufacturing International Corporation
聯華電子股份有限公司(UMC)	台湾	United Microelectronics Corporation
タワーセミコンダクター	イスラエル	Tower Semiconductor Co., Ltd. ※2022年にインテルが買収
力晶積成電子製造股份有限公司(PSMC)	台湾	Powerchip Semiconductor Manufacturing Corporation
世界先進積体電路股分有限公司(VIS)	シンガポール	Vanguard International Semiconductor Company ※TSMC傘下
DBハイテック	韓国	DB HiTek Co.,Ltd.

図表２　世界の代表的なファウンドリ企業
菊池正典『半導体産業のすべて～世界の先端企業から日本メーカーの展望まで～』（ダイヤモンド社、2023年2月、93頁）

積回路の製造プロセスのうち、フォトプロセスで使用する微細な電子回路が描かれているガラス板）があれば、Siウェハに転写することができる。それを繰り返せば、マスクと同じ回路パターンが転写された集積回路チップを搭載したウェハを何枚でも作ることができる。鋳物の鋳型と集積回路のマスクを対応させて、「（シリコン）ファウンドリ」と呼ばれたのである。なお、「ファウンドリ」の言葉は、半導体デバイスの前工程の製造受託に特化した企業、前工程の製造受託ビジネスの二つの意味で使われている。台湾の半導体大手は、半導体デバイスの前工程の製造受託業者として、業界に君臨しているのである。

4．ファウンドリビジネスでプレゼンスを高めるＴＳＭＣ

（１）台湾積体電路製造股份有限公司（ＴＳＭＣ）の事業

ＴＳＭＣは、世界初、世界最大のファウンドリ企業である。本社のある新竹サイエンスパークを中心に、台湾国内、米国、中国、シンガポールで半導体製造（ファブ）事業を、日本、北米、欧州、中国、韓国に拠点を置くグローバル企業である（図表３）。二〇二二年の売上高は二兆二六三九億台湾ドル（約九兆六〇〇〇億円）、純利益は一兆一六九億台湾ドル（約四兆三〇〇〇億円）となっている。同社は、一九九三年に台湾証券取引所に上場し、一九九七年には台湾企業として初めてニューヨーク証券取引所に上場した。資金調達でもグローバル化を進めている。

ＴＳＭＣは、一九八七年に張忠謀（モリス・チャン）が、台湾政府からの要請を受けて、世界初のファウンドリ専業企業として設立した。当時の半導体産業は、一つの企業が設計から製造・販売までを一気通貫で手掛ける垂直統合型（Integrated Device Manufacturer：IDM）の生産体制が主流であった。しかし、ＩＤＭ体制では半導体製造工場（ファブ）の建設に必要な設備投資は膨大であり、回路設計・先進アーキテクチャーなどのアイデアを持つエンジニアのイノベーションは実現しにくかった。張はこの問題点に着目し、チップの設計・販売と製造を切り離し、各々を専業とする水平分業とすることで、それらの企業と半導体産業の双方を発展させることができると考えた。こうしてＴＳＭＣは、水平分業の中で製造に特化したファウンドリのパイオニアとなった。

ＴＳＭＣが製造するウェハを用いた製品は、スマートフォン、クラウドデータセンター、人工衛

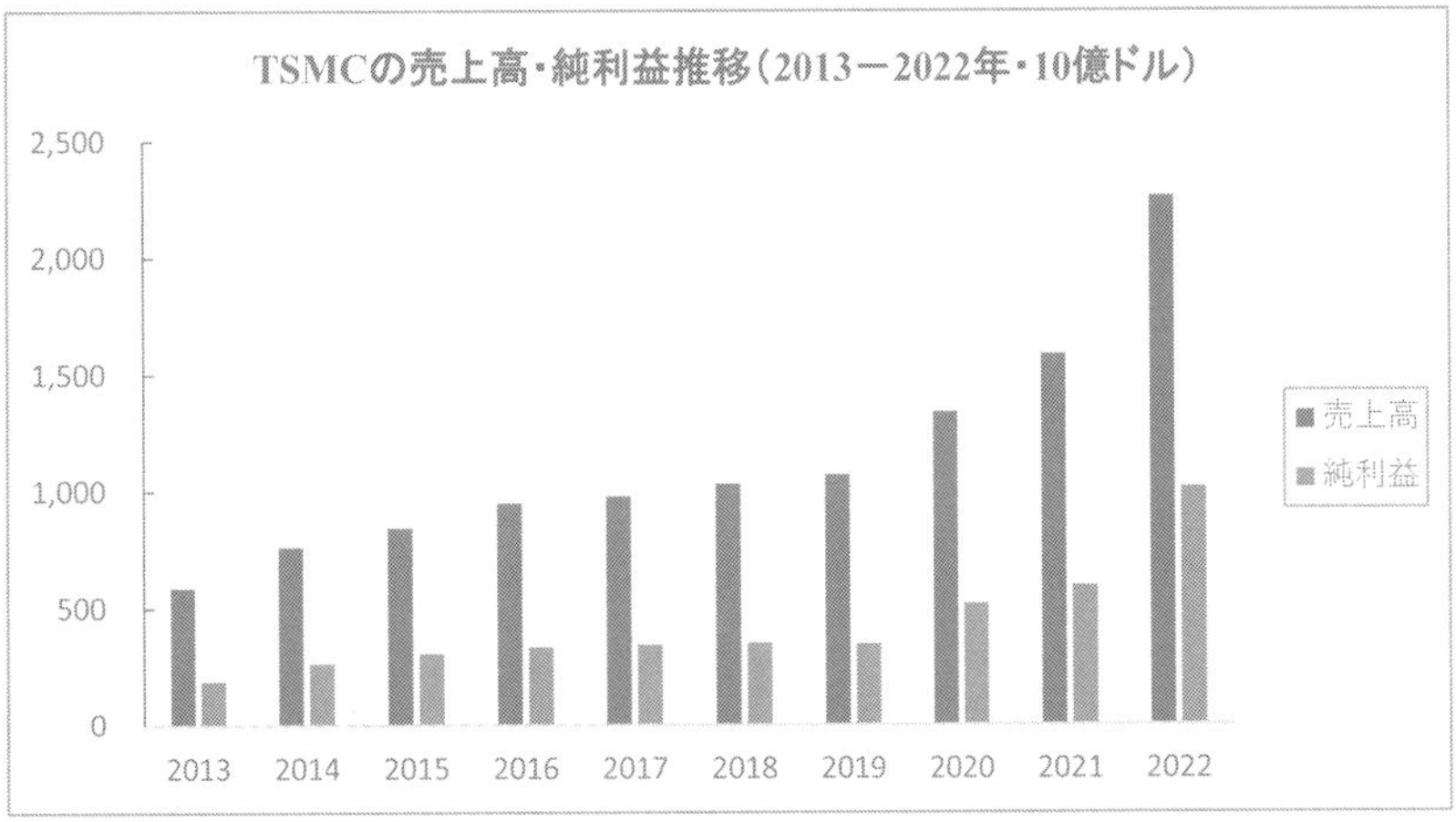

図表３

■企業名：台湾積体電路製造股份有限公司
■英文名：Taiwan Semiconductor Manufacturing Company, Ltd.
■設立：1987年2月
■本社：台湾新竹市新竹サイエンスパーク内
■代表者：Dr.C.C.Wei,Ph.D
■事業内容：半導体受託製造（ファウンドリ）、半導体素子の製造・販売など
■従業員数：約6万5,000名（2021年）
■資本金：259,303,804,580台湾ドル（2022年）

TSMC の概要

TSMC の企業ロゴ

TSMC の本社ビル（台湾新竹市）

星、宇宙船、科学機器など幅広い電子機器に採用されている。現時点で最先端の半導体プロセス技術である回路線幅三〜五ｎｍ（ナノメートル：ナノは十億分の一）を用いた製造サービスを提供している。主な顧客には、米国のアップル、インテル、クアルコム、ＡＭＤ、エヌヴィディア（Nvidia）といった世界的な半導体企業が多い。

(2) 海外で矢継ぎ早の先行投資

世界的に半導体需要が高まるなか、同社は海外において、矢継ぎ早に先行投資を行ってきた。二〇二三年までに、ＡＩや5Ｇを搭載したアプリケーションで使用されるチップなどの需要拡大に対応するため、一〇〇〇億ドルを投資して製造能力の強化を計画している。

写真は、近未来的外観で知られる中国江蘇省南京工場（Fab16）である。二〇二〇年十一月、Ｔ

近未来の基地を思わせる TSMC の南京工場（Fab16）
Taiwan Semiconductor Manufacturing Co., Ltd.

ＳＭＣは、南京工場の生産能力の拡張を発表している（「經濟日報」二〇二〇年十一月二十三日付）。その際、三〇〇㎜ウェハ生産能力の拡張を進め、二〇二一年には月産二万枚規模に達する見通しを示している。南京工場はＴＳＭＣ工場の主力の一つとして、さらに拡張・拡充が計画されている。

二〇二一年十二月、米政府は、自国の半導体産業強化に向け、アリゾナ州フェニックスにＴＳＭＣの工場を誘致した。二〇二四年の生産開始を目指し、第一工場を建設中であるが、同工場は四ｎｍプロセスの半導体ウェハを製造する予定である。二〇二二年十二月には、フェニックス北部で三ｎｍプロセスの半導体ウェハを製造する第二工場の建設を開始、二〇二六年の生産開始を予定している。なお、アリゾナ州では、米半導体大手インテルも二〇〇億ドルを投じて、工場建設を進めているほか、半導体関連の部素材や装置を提供するサプライヤーの進出や追加投資が相次いでいる。

さらに二〇二三年八月、ＴＳＭＣは欧州初の工場をドイツに建設すると発表した（JB Press 二〇二三年八月十四日付）。総投資額は、ドイツ政府からの補助金を含め一〇〇億ユーロ（約一兆五七〇〇億円）を超える見込みである。〝ＥＳＭＣ（European Semiconductor Manufacturing Company）〟と呼ぶ合弁事業を、ドイツ自動車部品大手ボッシュや同半導体大手インフィニオンテクノロジーズ、オランダ半導体大手ＮＸＰセミコンダクターズと設立し、ＴＳＭＣが七〇％を保有する（残り三社は各々一〇％ずつ保有）。東部ドレスデンで二〇二四年後半に着工し、二〇二七年の稼働を目指し、工場の運営はＴＳＭＣが行う。ドイツの新工場では、自動車や産業向けの旧世代半導体（回路線幅一二ｎｍ〜二八ｎｍ）を製造する予定である。

一連の先行投資は、経済安全保障上の理由が大きい。回路線幅五〜一〇ｎｍの先端品ではＴＳＭＣが九割ほどのシェア、線幅三ｎｍの最先端品では一〇〇％近いシェアを誇っている。現在、スマートフォン、パソコン、通信インフラ用の最先端プロセッサーの九割は、台湾ＴＳＭＣの最先端工場でしか生産できない。半導体製造部門が過度に東アジアに集中することは、国家や経済安全保障には望ましいことではない。もし仮に台湾海峡が封鎖されたら、南シナ海で戦争が起きたら、西側諸国は自動車、スマートフォンやパソコンを生産できなくなるのである。これは、台湾半導体産業が抱える信じがたい脆弱性である。これに匹敵する最近の出来事はウクライナ戦争である。食糧やエネルギーの供給網が寸断されて世界市場は大混乱に陥り、インフレーションが進み、国や企業の活動は大幅な修正を迫られた。現実にそうした事態が起きうるのだとしたら、これまで以上に製造拠点の分散化を急がなければならない。

ＴＳＭＣも、特に米国の要請に従い、海外に分散して生産する方針に転換している。現在の最先端線幅三ｎｍは米国の新工場でも製造することを決定している。この十一月二十一日の報道では、熊本に線幅三ｎｍの製造工場を新設する方針が示されたが、真の意味でのリスク分散は喫緊の課題である。

（3）ＪＡＳＭ熊本新工場の建設

近年、コロナ禍、中国経済の拡大などで発生した半導体不足は、自動車、家電製品など半導体を使用する産業の製造部門に甚大な影響を与えた。この経験から、半導体の安定的な調達が課題となった。また、国家間対立を背景に、幅広い産業分野で必要不可欠な半導体の戦略物資としての重要性が増している。経済安全保障の観点から、国内の半導体サプライチェーンの強靭化が求められるようになった。半導体サプライチェーンは、主に製造装置・素材・デバイス産業から構成されており、日本は製造装置・素材産業において強みを有している。一方で、日本は、デバイスに関しては国内外の企業が製造拠点を擁しているが、ロジック半導体の製造技術で後れを取っている。日本の持つロジック半導体の製造技術の多くは四〇ｎｍプロセス以前の技術であり、二〇ｎｍ台以降の先端ロジック半導体を製造する能力は十分有していない。従って、国内メーカーに欠けている先端ロジック半導体の製造基盤を補うことで、サプライチェーンの強靭化につなげることができる。そこで、先端ロジック半導体で成熟した製造技術やノウハウを有するＴＳＭＣを国の補助のもとで誘致することとなった。

■設立:2021年12月10日
■本社:熊本県菊池郡菊陽町(工場:菊陽町第2原水工業団地)
■主要株主:TSMC、ソニーセミコンダクターソリューションズ、デンソー
■資本金:714億4,400万円(2022年12月期)
■総資産:2,086億6,700万円(2022年12月期)
■主力製品:ロジック半導体(22/28nmプロセス、12/16nm FinFETプロセス)
■生産能力:月産5.5万枚(12インチ、300mmウェハ)
■従業員数:約1,700名
■工場設備投資額:86億ドル(約9,800億円)
■生産開始予定:2024年末

JASM の概要

JASM 熊本新工場の完成予想図

TSMCは一九九七年に日本法人(TSMCジャパン株式会社)を設立しており、現在に至るまで様々な拠点を設立している。二〇二一年十二月には、熊本県熊本市にJASM(Japan Advanced Semiconductor Manufacturing)株式会社を設立した。同社は、TSMCが過半数を出資する会社で、ソニーセミコンダクタソリューションズ(SSS)、自動車部品大手のデンソーが少数株主として参画している。主力工場は、熊本県菊池郡菊陽町第

2原水工業団地内に二〇二二年四月から建設され、二〇二四年末までに生産を開始する予定である。熊本工場では、主に回路線幅一二ｎｍ、一六ｎｍ、二二ｎｍ、二八ｎｍの製品を生産することになっている。このファウンドリでは、約千七百名の先端技術に通じた人材の雇用を創出し、月間生産能力五万五〇〇〇枚（三〇〇ｎｍウェハ）となる見込みである。

熊本県には、ＳＳＳや東京エレクトロン（ＴＥＬ）をはじめ半導体関連企業が集積している。半導体製造には良質・大量な水の存在が不可欠となるが、熊本は水資源が豊富である。肥後銀行、鹿児島銀行を傘下におく九州フィナンシャル・グループの試算によれば、ＪＡＳＭ設立と関連企業の熊本進出に伴う県内の経済波及効果は、操業開始後の二〇二二年から二〇三一年までの十年間で約四・三兆円となると見込まれている（「くまもと経済」二〇二二年十一月三十日付）。

（4）茨城県つくば市に新デザインセンターを設立

ＴＳＭＣには、顧客と同社の製造技術を結ぶデザインテクノロジー・プラットフォーム（ＤＴＰ）という組織がある。台湾本社のほか、米国、カナダ、中国にデザインセンターを擁し、顧客ができるだけ容易にＴＳＭＣの先端技術を活用できるよう活動している。ＥＤＡツールの設計フロー、シリコン動作検証済のライブラリー、テクノロジーファイルなどを提供している。日本では、二〇二〇年に横浜みなとみらい地区に「ＴＳＭＣジャパンデザインセンター」を設立、同センターは、台湾本社や世界各地のデザインセンターと協働し、五ｎｍ、三ｎｍといった最先端プロセスを使用する顧客をサポートしている。その一環として、社内テストチップの開発、TSMCプロセスのデザインフローの開発、設計環境の構築などを行っている。

二〇二二年六月には、茨城県つくば市に「TSMCジャパン3DIC研究開発センター株式会社」を設立した。同センターは、複数のシリコンウェハを垂直方向に統合し、それらを接続して一つのデバイスとして機能させる最先端半導体の開発を目的に設立された。半導体産業の長期的成長を予測した「ムーアの法則（米インテル社創業者の一人、ゴードン・ムーアが一九六五年に自らの論文上に示した説で、集積回路当たりの部品数が二年ごとに二倍になると予測した）」が維持されなくなるなか、2D及び3Dのパッケージ内混載技術は、次世代半導体産業の成長に必要不可欠な技術と考えられている。例えば、米半導体大手AMDの2D混載技術（チップレット）を採用した高性能CPU「ライゼン（Ryzen）」によって、対インテルとの競争力が向上したことからも、その重要性は疑いない。TSMCは、そうしたパッケージング技術の研究拠点を日本に設置することで、最先端のプロセスノードのファウンドリビジネスで、インテルなどに差をつけていく戦略を模索している。

TSMCに次ぐ台湾半導体ファウンドリ第二位のUMCは、一九八〇年、現会長の曹興誠氏によって設立された。新竹科学工業園区に本社をおき、シンガポールに先端半導体の製造工場を擁している。二〇〇三年、UMCは、台湾のファウンドリ企業シリコン・インテグレーテッド・システムズ（SiS）を傘下に収めた。日本には、同国唯一のファウンドリ、UMCジャパンを有していたが、二〇一二年八月にその事業停止、解散・清算を発表した。その後、二〇一四年に三重富士通セミコンダクターに資本参加、二〇一九年十月には、同社を完全子会社化し、ユナイテッド・セミコンダクター・ジャパン株式会社に改名した。

また、台湾のファウンドリ第三位のＰＳＭＣは、日本のＳＢＩホールディングスと組み、半導体工場を宮城県に建設する方針を固めている。第一期工場に約四〇〇〇億円を投じ、二〇二六年の稼働を目指している。これに伴い、経済産業省は第一期の投資額の約三割に相当する一四〇〇億円を補助する計画である。

日本の半導体産業にとり、ＴＳＭＣと日本の共同事業ＪＡＳＭの設立や工場設置は、半導体産業の再生に向けた画期的な出来事である。日本政府は、ＴＳＭＣ熊本工場の設立に対し、積極的な支援策を検討している。一時は、半導体不足のために苦境に直面した自動車、家電製品といった基幹産業を守るため、ＪＡＳＭ設立は基幹部品である半導体の旺盛な需要に応える有効な手段となりうる。地元熊本県（蒲島郁夫知事）もＴＳＭＣの人材確保など県ぐるみで協力し、熊本県が日本経済発展の一翼を担う旨を発表している。

熊本県は、一九六〇年代に三菱電機やＮＥＣのウェハファブの拠点を立ち上げ、九州が「シリコンアイランド」と呼ばれるようになった経緯がある。現在でも、三菱電機やソニー、東京エレクトロンなど日本の半導体企業の多くが熊本県に拠点を置いている。ＪＡＳＭ工場の隣接地には、ソニーセミコンダクタマニュファクチュアリングの本社、熊本テクノロジーセンターがある。また、菊陽町には熊本空港があり、熊本港や八代港にも近く、中国などアジアなどへのアクセスも容易である。

	製造予定の半導体	生産開始時期
第1工場	回路線幅が12nm～28nmの旧世代半導体	2024年末までの量産開始を予定
第2工場	回路線幅が6nmの旧世代半導体	2027年末までの量産開始を予定
第3工場	回路線幅が3nmの先端半導体（報道）	—

図表４　TSMC熊本工場の半導体生産体制（2023年11月21日現在）
新聞報道、ブルムバーグ通信より作成

ソニーグループやデンソーとの合弁で建設中の第一工場に続き、二〇二三年七月、ＴＳＭＣは第一工場の隣接地に第二工場を建設する計画を発表した。二〇二四年四月に着工し、二〇二六年末までの生産開始を目指す。主に回路線幅一二ｎｍの半導体を手掛ける。設備投資額は約八六億ドル（約一兆円）で、うち日本政府が最大四七六〇億円を助成する。第二工場への投資額は、第一工場以上の規模になるものと見込まれている。さらに、二〇二三年十一月二十一日、ブルムバーグ通信は、ＴＳＭＣが熊本県内で三つ目の工場の建設を検討していると報じた。第一・二工場が旧世代半導体に注力する一方、計画される第三工場は、回路線幅が三ｎｍ相当の最先端半導体の生産を視野に入れているといわれる（図表４）。

5．半導体に次ぐ「護国神山」となるか：発展期の台湾バイオメディカル産業

新竹科学工業園区には、総面積三八・一ヘクタールの新竹生物医学園区（新竹バイオメディカルサイエンスパーク）が設置されている。高度医療病院や研究開発センター、育成センターなどの専門施設を核とした運営を目指し、台湾における最大のバイオ医療産業の拠点として整備されつつある。近年

では半導体と並び、ここから次々と有望なバイオメディカル関連企業が生まれている。園区では、台灣先進手術醫療器材（低侵襲手術の腹腔鏡手術専用クリップの開発・製造）、奈捷生物科技（光センサー生物指標検測儀＝測定機器の開発・製造）、能資國際（カーボンナノX線技術を用いたX線装置の開発・製造）、群曜醫電（磁器誘導上部消化管カプセル内視鏡の開発・製造）、瑞愛生醫（世界初となるAI潜血検査計の開発・製造）など、有望なバイオメディカル企業が相次いで誕生し、成長期を迎えている。

新竹生物医学園区は、台湾発のバイオメディカル技術の売り込みのため、企業、病院、医師会や歯科医師会向けに積極的に商談会を開催している。二〇二二年九月、台湾行政院は、台湾のバイオメディカル産業の売上高が、近い将来一兆台湾元（約四兆五七〇〇億円）に達するとの見方を示した。その際、当時の行政院の沈栄津副院長は、バイオメディカル分野における精密医療産業が、半導体に次ぐ「護国神山（国を守る山のような存在）」になる可能性に期待を寄せている（台湾国際放送ニュース二〇二二年九月五日付）。

台湾のバイオメディカル産業には、米欧、日本企業からの引き合いも増えている。例えば、二〇二三年三月、日本の化学大手の帝人は、製薬会社から再生医療の薬製造を受託する事業に関連して、台北のバイオ企業であるTFBSバイオサイエンスと提携した（日刊工業新聞二〇二三年十一月十八日付）。免疫細胞の遺伝子を操作してがんへの働きを強める次世代治療法に使う薬の原材料を調達することで合意した。遺伝子を応用した創薬の普及をにらみ生産体制を構築するものである。

大企業ばかりでなく、台湾では現在も様々なハイテク分野で有望なスタートアップ企業が誕生しており、その技術力の高さは、ベンチャービジネスの本場である米国でも注目を集めている。二〇二二年六月に米国メリーランド州で開催された「セレクトＵＳＡ投資サミット（The SelectUSA Investment Summit）」で、参加した台湾のスタートアップ十四社は、医療技術、クリーンテクノロジー、サイバーセキュリティ、フィンテック、Ｅコマース、ソフトウェア、その他の七部門全部門で上位十位入りを果たした。国・地域別では最も優れた結果を出した。さらに最終審査に残った世界の百社のうち台湾のスタートアップが二部門で優勝するという快挙を成し遂げた。有望な台湾のスタートアップは、シリコンバレーの投資家や現地スタートアップにアクセスし、ビジネスチャンスを模索している。こうしたスタートアップにも、様々なハイテク分野で将来のＴＳＭＣやＵＭＣが多く含まれているかもしれない。大企業から中小企業、スタートアップ企業に至るまで、台湾のハイテク企業への期待は高まるばかりである。

Ⅱ．日台貿易の現状と日台企業の相互進出

1．重要な貿易相手国としての台湾

財務省が発表している貿易統計によれば、台湾は二〇二〇年、二〇二一年と、日本の輸出入相手国として第四位、第三位の位置にある（図表5）。一方、台湾にとっても、日本は香港を含む中国、米国に次ぐ第三位の貿易相手国である。貿易相手国の人口一人あたり輸出入額の推移を見ると、一九九〇

年に台湾は第七位だったが、二〇二〇年、二〇二一年は第三位となっている。台湾国民一人一人の生活にとっても、日本との貿易はますます重要になっていることがわかる（図表6）。

また、日本の対台湾貿易は、長年大幅な黒字を維持しているが、貿易相手国の人口一人あたりの貿易黒字額を見ると、三十年前の一九九〇年も、二〇二〇年、二〇二一年でも台湾は第4位の位置にある（図表7）。

日本と台湾は、国際経済上お互いに非常に重要な国であり、「相思相愛」の関係といってもよいだろう。割合でいえば中国や米国に及ばないものの、台湾は日本の小規模事業主が進出するには十分な市場規模である。両国の関係が良好なこと、政治の安定、高い教育水準を誇り世界有数の高学歴社会であること（大学進学率は九五％以上）、親日国であること、日本製がブランド化していることなどを踏まえれば、日本企業には台湾市場はまさに絶好のビジネス機会を提供してくれる穴場なのである。

米国を除く先進各国、経済停滞が叫ばれる中国に比べ、台湾経済は好調である。例えばコロナ禍の只中にあった二〇二一年、台湾の経済成長率は過去最高の六・二八％を記録した。二〇二二年四％台を維持しており、経済の好調さは続くと見込まれている。国としての経済規模も、二〇二三年には世界上位二十位に入ることが予想されている。半導体など一部のハイテク産業に投資が偏っている印象はあるが、デジタル先進国の強みを生かし、今後様々な分野でDX化が進められると考えられている。ハイテク産業を起爆剤に成長の勢いが他産業までに広がりその付加価値が高まれば、台湾経済は今後も長く安定した成長が見込めるだろう。

（億円・%）

	2020年				2021年			
占率	順位	貿易相手国	輸出入総額	占率	順位	貿易相手国	輸出入総額	占率
20.7	1	中国	325,898	23.9	1	中国	383,662	22.8
12.7	2	米国	200,644	14.7	2	米国	237,471	14.1
6.2	3	韓国	76,082	5.6	3	台湾	96,663	5.8
5.2	4	台湾	76,021	5.6	4	韓国	92,908	5.5
4.2	5	タイ	52,626	3.9	5	オーストラリア	74,279	4.4
3.8	6	オーストラリア	51,267	3.8	6	タイ	65,177	3.9
3.0	7	ベトナム	41,810	3.1	7	ドイツ	48,820	2.9
3.0	8	ドイツ	41,515	3.0	8	ベトナム	46,223	2.8
2.9	9	香港	35,004	2.6	9	香港	40,106	2.4
2.8	10	マレーシア	30,451	2.2	10	マレーシア	38,801	2.3
100.0		全体	1,364,100	100.0		全体	1,679,665	100.0

（単位:円）

2020年			2021年		
順位	貿易相手国	1人あたり輸出入額	順位	貿易相手国	1人あたり輸出入額
1	シンガポール	474,279	1	香港	535,101
2	香港	466,662	2	シンガポール	534,021
3	カタール	394,688	3	カタール	512,679
4	台湾	319,133	4	台湾	405,277
5	アラブ首長国連邦	252,339	5	アラブ首長国連邦	400,349
6	オーストラリア	199,716	6	オーストラリア	285,801
7	スイス	152,919	7	クウェート	209,189
8	韓国	146,748	8	韓国	179,254
9	クウェート	146,209	9	スイス	160,300
10	パナマ	127,181	10	パナマ	144,033

（単位:円）

2020年			2021年		
順位	貿易相手国	1人あたり貿易黒字	順位	貿易相手国	1人あたり貿易黒字
1	香港	443,766	1	香港	503,033
2	シンガポール	164,504	2	シンガポール	206,810
3	パナマ	101,906	3	パナマ	98,515
4	台湾	78,763	4	台湾	96,658
5	オランダ	47,843	5	オランダ	58,569
6	韓国	37,129	6	韓国	43,380
7	ベルギー	30,339	7	米国（USA）	17,591
8	米国（USA）	15,352	8	タイ	10,229
9	英国	6,863	9	ベルギー	7,694
10	ポーランド	5,314	10	ポーランド	6,264

1995年				2000年				2010年		
順位	貿易相手国	輸出入総額	占率	順位	貿易相手国	輸出入総額	占率	順位	貿易相手国	輸出入総額
1	米国	184,094	25.2	1	米国	231,347	25.0	1	中国	264,985
2	中国	54,428	7.4	2	中国	92,158	10.0	2	米国	162,854
3	韓国	45,500	6.2	3	台湾	58,042	6.3	3	韓国	79,642
4	台湾	40,566	5.6	4	韓国	55,135	6.0	4	台湾	66,188
5	ドイツ	31,964	4.4	5	ドイツ	35,271	3.8	5	オーストラリア	53,402
6	香港	28,566	3.9	6	香港	31,094	3.4	6	台湾	48,337
7	シンガポール	28,019	3.8	7	マレーシア	30,594	3.3	7	インドネシア	38,706
8	タイ	27,999	3.8	8	シンガポール	29,375	3.2	8	香港	38,381
9	マレーシア	25,647	3.5	9	台湾	26,117	2.8	9	サウジアラビア	37,173
10	インドネシア	22,700	3.1	10	インドネシア	25,839	2.8	10	マレーシア	35,321
	全体	730,796	100.0		全体	925,926	100.0		全体	1,281,646

（出所）財務省「貿易統計」2022年版より作成

図表５　日台間の貿易状況日本の主要な貿易相手国
（中国・香港合算せず）
IMF 統計より作成

1990年			2000年			2010年		
順位	貿易相手国	1人あたり輸出入額	順位	貿易相手国	1人あたり輸出入額	順位	貿易相手国	1人あたり輸出入額
1	アラブ首長国連邦	795,836	1	カタール	1,026,351	1	カタール	1,169,222
2	カタール	742,336	2	シンガポール	724,603	2	シンガポール	724,603
3	シンガポール	681,199	3	アラブ首長国連邦	571,739	3	香港	538,158
4	香港	377,143	4	香港	461,954	4	パナマ	385,084
5	クウェート	189,942	5	クウェート	310,736	5	アラブ首長国連邦	378,618
6	パナマ	176,283	6	台湾	261,509	6	クウェート	348,480
7	台湾	168,367	7	パナマ	232,760	7	台湾	286,741
8	オーストラリア	163,331	8	マレーシア	133,334	8	オーストラリア	242,525
9	スイス	150,563	9	オーストラリア	132,492	9	スイス	163,282
10	韓国	95,366	10	韓国	117,837	10	サウジアラビア	126,386

図表６　日台間の貿易状況：貿易相手国の人口一人当たり輸出入額
（中国・香港合算せず）
IMF 統計より作成

1990年			2000年			2010年		
順位	貿易相手国	1人あたり貿易黒字	順位	貿易相手国	1人あたり貿易黒字	順位	貿易相手国	1人あたり貿易黒字
1	シンガポール	342,378	1	香港	408,555	1	香港	500,759
2	香港	269,387	2	シンガポール	382,410	2	パナマ	365,094
3	パナマ	163,179	3	パナマ	230,536	3	シンガポール	289,289
4	台湾	48,720	4	台湾	87,582	4	台湾	111,321
5	オランダ	48,229	5	オランダ	71,743	5	オランダ	65,171
6	ベルギー	32,668	6	ベルギー	35,809	6	韓国	60,562
7	米国（USA）	22,052	7	米国（USA）	26,831	7	ベルギー	34,967
8	韓国	18,777	8	韓国	23,596	8	タイ	16,899
9	英国	14,089	9	英国	15,111	9	米国(USA)	14,341
10	タイ	12,966	10	ドイツ	9,604	10	スイス	10,952

図表７　日台間の貿易状況：貿易相手国の人口一人当たり貿易黒字額
（中国・香港合算せず）
IMF 統計より作成

また、二〇二一年に台湾の一人当たりＧＤＰは三万三〇〇四ドルとなった。半導体などハイテク分野の貢献が大きく、ＧＤＰだけでは測れないが、それでも国民の八割以上は日本製品に対する購買が可能であることが見込まれる。台湾では、日本製品が一つのブランドであることもあり、日本企業が進出する場合、有利な環境でビジネスを進められる。国内情勢や政治・法律の安定を踏まえると、台湾は総合的に高いコストパフォーマンスを実現できる国である。

歴史的・文化的に見ても、台湾は魅力的な市場である。かつて日本は台湾を統治していたが、日本は台湾人を同じ国の人間として扱った。台湾は日本統治時代に国としての基礎が形成されたことから、台湾の多くの人々は日本を好意的に見ている。直接民主制による政治が行われている点も大きな利点である。行政は大きな権力を持つが、社会や国民に寄り添う政策を行っている。コロナ禍の初期段階で早期に感染の封じ込めができたのも、行政と社会が相互に連携して、デジタルを活用した先進的な感染対策を実施したことが大きな要因となった。進出先で懸念される法制度の不安定性やクーデターなど政治リスクが小さい点も、台湾進出のメリットであろう。

２．貿易増進に向け進む台湾の港湾改革

（１）台湾の港湾と自由貿易港区

台湾の国内経済発展、国外諸国との貿易増進には、陸運、空運、海運の体制整備が不可欠である。図表８は、台湾の陸運・空運・海運における旅客数、取扱貨物量を示したものであるが、台湾におい

	2013	2014	2015	2016	2017	2018	2019	2020	2021	20/21変化
鉄道輸送										
貨物（千トン）	11,167	11,223	11,117	9,387	7,971	7,878	7,479	7,506	6,835	▲ 8.
輸送（百万トン/km）	729	683	636	564	515	544	518	497	447	▲ 10.
道路輸送										
貨物（千トン）	551,430	541,939	531,858	530,290	537,079	560,770	559,682	501,588	516,852	3.
輸送（百万トン/km）	38,474	37,851	37,805	38,533	40,351	44,169	44,370	33,199	34,094	2.
航空										
貨物（千トン）	2,085	2,222	2,151	2,233	2,416	2,463	2,315	2,435	2,919	19.
桃園国際空港（千トン）	1,967	2,089	2,022	2,097	2,270	2,323	2,182	2,343	2,812	20.
高雄国際空港（千トン）	61	69	63	71	82	74	65	47	57	21.
輸送（百万トン/km）	9,196	9,443	9,080	8,959	8,959	9,597	8,846	10,298	12,408	20.
海運										
貨物（千トン）	49,521	54,997	55,414	55,472	51,744	65,577	69,297	70,317	65,952	▲ 6.
輸送（百万トン/ノティカルマイル）	107,343	116,643	121,382	122,086	111,127	147,520	163,509	175,580	154,104	▲ 12.
港湾										
貨物（千TEU）	14,047	15,051	14,492	14,866	14,912	15,322	15,298	14,594	15,455	5.
基隆港（千TEU）	1,613	1,685	1,445	1,388	1,418	1,472	1,455	1,533	1,601	4.
高雄港（千TEU）	9,938	10,593	10,264	10,465	10,271	10,446	10,429	9,622	9,864	2.
台中港（千TEU）	1,468	1,514	1,447	1,535	1,661	1,744	1,794	1,821	1,979	8.

図表 8　台湾の運輸・物流状況（陸運・空運・海運：2013 ～ 2021 年）
台湾交通部統計処「交通統計月報」より作成

ても、日々鉄路や陸路の増設、航空航路の拡大や増便が図られている。一層の経済発展、貿易の増進に向け、人の移動や物流をめぐる仕組みにも改善や変革が求められているが、中でも注目されるべきなのが、台湾の港湾改革であり、国家レベルの一大事業として取り組まれたものである。

台湾では、中央山脈が南北に連なったその西側を中心に商工業都市としての国内物流が発展した。台湾の港湾は、アジア太平洋の海上交通の要衝に位置する地理的な優位性を活かし、東南アジア、東アジア、北米間の積替港（port of transshipment）として発展してきた。

台湾には、国際貿易港として高雄港、安平港、台中港、台北港、基隆（キールン）港、蘇澳（スワオ）港、花蓮港の七港湾、国内商業港としての布袋港、膨湖（ポンフー）港の二港、計九港が存在する（図表9）。

台湾におけるコンテナ取扱量は、二〇二二年で前年比五・九％増の一五四五万TEU（輸入取扱量七七七万TEU、輸出取扱量七六八万TEU TEU、（twenty foot Equivalent Units：二〇フィートで換算したコンテナ個数を示す単位）となっている。台湾最大の高雄港のコンテナ貨物量は九八六万TEUと全体の六四％を占め、二〇二二年では世界第十七位となった。これに、台北港（二〇九万TEU）、台中（一九八万TEU）が続いている。日台間貿易でいえば、高雄港のコンテナ取扱量は、東京、横浜港を上回るものの、アジア全体では、すでに十年間以上にわたり世界の首位、第二位を占める上海、シンガポールや寧波をはじめとする中国国際港には大きく引き離されている（図表9）。

国内市場が大きくない台湾は、長く輸出立国として発展してきた。従って国内物流体制を整備・強化することは、非常に重要な国家戦略でもある。台湾には、台北港、基隆港（キールン）、蘇澳港（スワオ）、台中港、高雄港、安平港の六つの港湾と桃園国際空港（台北）の一空港で形成される、自由貿易港区（Free Trade Zone：FTZ）が存在する。FTZとは、非課税状態での貨物の取扱いが可能な特別地区のことをいう。FTZでは、通関作業の簡素化、物流業務の電子化、税金の免除等のインフラ、制度上のシステムを活用することが可能である。国際貿易における貨物の流通速度の向上により、台湾に立地する製造業の生産活動支援とともに、トランシップ貨物（積替貨物）の呼び込みを図ることができる。台湾には、保税倉庫、国際物流中心（ILC）と呼ばれる保税状態での在庫の可能な施設があるが、FTZの特徴は、保税状態での加工が認められる点にある。さらに、FTZ域内での加工に加え、委託加工と呼ばれる域外に貨物を運び出しての加工も認められる。従って、FTZは、台湾の産業集積

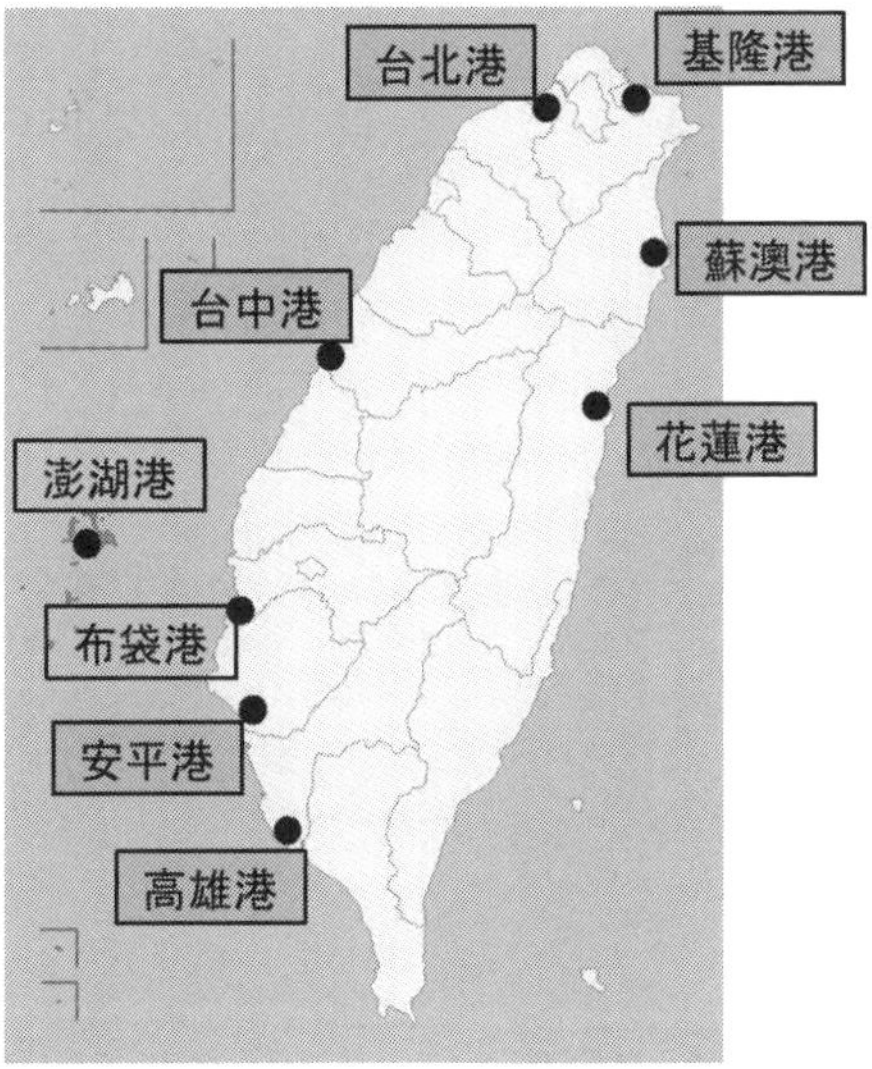

国際商港

●**台北港**
* 遠洋航路用コンテナターミナル
* 高速海上輸送及び海空複合輸送港
* 自動車及びその他の産業物流港

●**基隆港**
* 近海航路用コンテナターミナル
* 国際クルーズ船母港

●**台中港**
* 台湾・中国間の旅客・貨物輸送及び高付加価値型港湾
* エネルギー及び大口貨物流通港
* 臨港産業開発拠点

●**安平港**
* バルク貨物及び高速海上輸送港
* 観光レジャー港

●**高雄港**
* 大陸間コンテナハブ港
* スマート物流港
* 旅客輸送及び観光レジャー港

●**蘇澳港**
* 蘭陽地区貨物入出港
* 貨物レジャー港

●**花蓮港**
* 東部地区貨物入出港
* 観光レジャー港

国内商港

●**布袋港**
* 環島及び離島海上輸送港
* 観光レジャー港

●**澎湖港**
* 近海航路用コンテナターミナル
* 国際クルーズ船母港

図表９　台湾の各港湾と役割
TIPC 資料「世界をつなぐアジアのハブ港」

（千TEU）

年	上海	シンガポール	高雄港	台中港	台北港	基隆港	東京港	横浜港
2015	36,537	30,922	10,264	1,447	1,335	1,445	4,629	2,787
2016	37,133	30,904	10,465	1,535	1,477	1,388	4,700	2,781
2017	40,233	33,667	10,271	1,661	1,562	1,418	4,500	2,927
2018	42,010	36,599	10,446	1,744	1,660	1,472	4,570	3,036
2019	43,303	37,196	10,429	1,794	1,620	1,455	4,510	2,990
2020	43,503	36,871	9,622	1,821	1,618	1,533	4,260	2,662
2021	47,030	37,470	9,864	1,979	2,091	1,601	4,326	2,861

図表10　台湾国際港のコンテナ貨物量の推移
Containerisation International Yearbook より作成

を活用する「物流」と「加工」を同時に行う拠点となり得る。

例えば、ＦＴＺに立地する物流業者が自動車部品を輸入し、台湾国内の委託先企業で加工したり、台湾国内で製造された部品と組み合わせて完成車として、台湾からアジアや中東諸国に再輸出するといったことが可能になる（図表10）。これにより、自動車製造を港湾近くで免税状態にて行うことが可能になり、時間や費用の節減を図ることと可能となる。この際、輸出入に係る通関手続きは事後申告に代えることができ、輸入時に必要な関税等は事後申告の際に免除されることになっている。

ＦＴＺの活用で、台湾を起点としたグローバル物流が実現することになる。高雄港をはじめとする台湾の港湾では、中国や東南アジア諸国からの積替貨物の集貨を促進するための累積型インセンティブ制度の導入、荷投機械の自動化などの先進的な取り組みが、併せて行われている。

ＦＴＺの仕組みを用い、台湾が推進しているのが、マルチ・カントリー・コンソリデーション（Multi Country Consolidation：MCC）である。ＭＣＣは、台湾周辺国からの調達貨物を自国に集め、コンテ

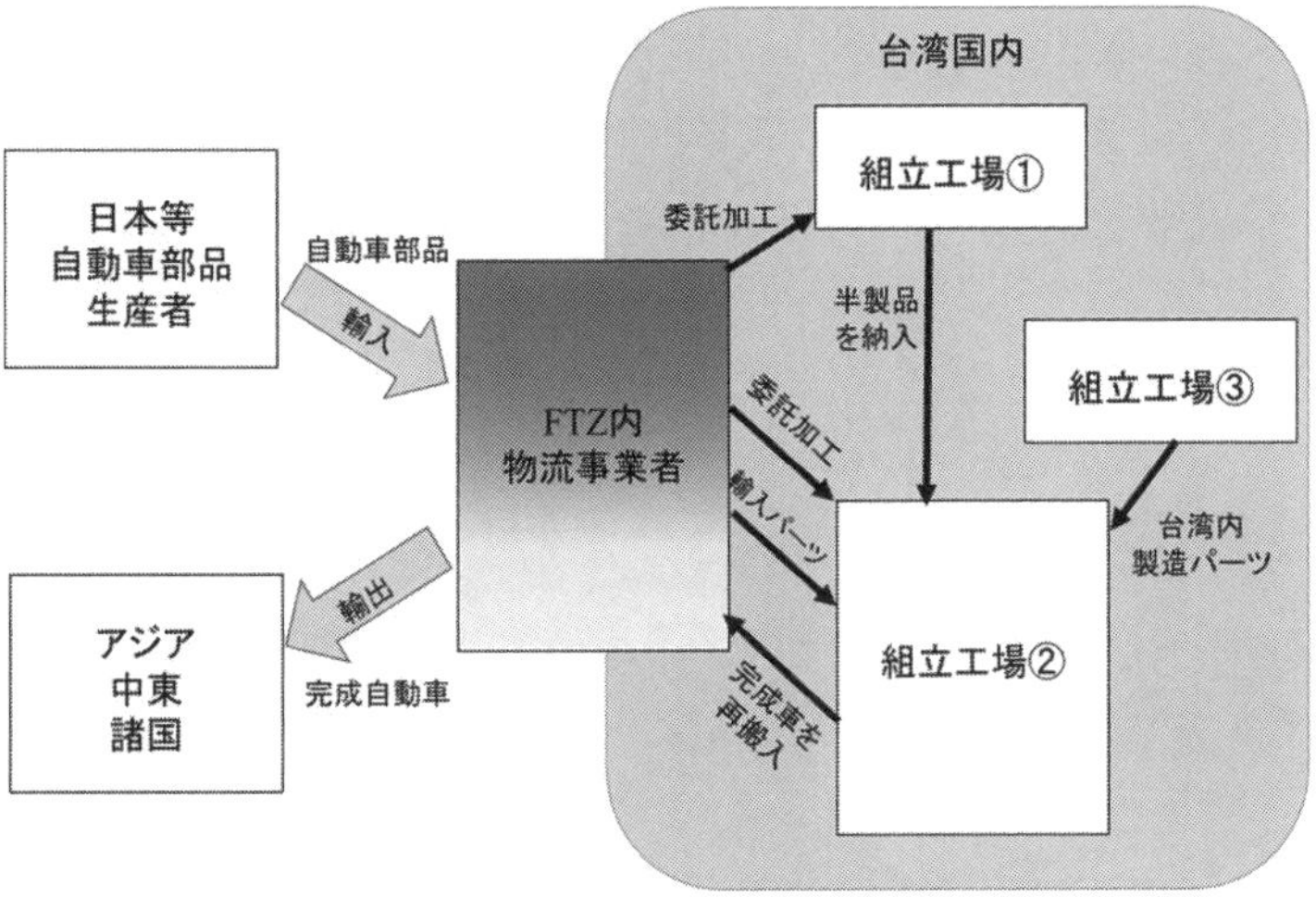

図表 11　FTZ を活用した輸出入の仕組み
嶋崎賢太「高尾港・台湾港における自由貿易港区（FTZ）の活用」、43 頁を参考に作成

ナ単位に集約してから輸送するサービスである。自動車・機械部品など小さなロットの貨物を複数の国からＦＴＺに集め、保税状態で仕分け、ラベリングや再包装などの加工を行い、別の複数国別に再輸出する。一ヶ国からではコンテナを一杯にできないような小さなロットの貨物でもコンテナの空きスペースを活用でき、輸送・積替え・仕分けサービスを港湾に立地させることができ、コンテナの取扱量を増加できるといったメリットがある。こうした集貨の結果、寄港数、航路数が多くなることで、短時間での積替えが可能となり、さらに貨物が集まりやすくなるという相乗効果が期待できる。

ＭＣＣは、台湾を東アジアの物流のハブ拠点として強化する戦略であり、中国や香港からの米国への輸出における物流コストを削減するための中継地点として、自国の物流インフラを強化するという国家戦略でもある。現在、例えば高雄港や桃園国際空港を、各々国際海運、国際航空貨物のハブ拠点として、物流インフラを効率的に活用、発展させていくことが計画されている。

（2）港湾の民営化：ＴＩＰＣの概要

台湾は、台湾を東アジアの物流ハブ拠点にするための港湾改革を進めてきた。その一環として行われたのが、港湾組織の民営化である。二〇一二年三月まで、台湾における国際港（基隆、台中、高雄、花蓮）の港湾管理は、各港において、政府が交通部直属の行政機関である港務局を各々設置し、政府自らが行政から港湾管理、運営、港湾行政、企業誘致など複数の業務を一括して行う体制であった。しかし、国際港間の競争が激化するなか、旧体制では、経営効率、市場適用力向上の点で難点があり、港湾に係る投資範囲も限定的であった。各港務局は独立した事業体だったため、台湾港湾全体の競争力低下を招く懸念もあった。

港湾を取り巻く環境変化に迅速に対応すべく、また、スケールメリットを発揮して経済規模を拡大させ、アジアのハブ港となることを目指し、二〇一二年三月、新たな港湾運営会社として台湾政府全額出資の国営企業である台湾港湾股有限公司（Taiwan International Ports Corporation：TIPC）が発足した（港湾の民営化）。従来の台湾交通部による運営・管理体制を改め、港湾運営についてはＴＩＰＣが、公権力を必要とする事項については、台湾交通部航港局（Mar IT ime and Port Bureau）が担当する体制に再編した。ＴＩＰＣには、基隆、台中、高雄、花蓮の四支社が設置され、七つの国際商業港（基隆、蘇澳、

高雄港と 85 大樓（中央、高雄スカイタワー）

花蓮、高雄、安平、台中、台北港）を管轄している。さらには布袋港、膨湖港の二つの国内商業港の運営を委託されている。

主要な国際商業各港の状況（二〇二二年）は次の通りである。

①高雄港

七国際商業港のうち、高雄港は台湾南端部西海岸に位置し、二〇二一年のコンテナ取扱量は九八六・四万TEU、台湾全体の六四％を占める、台湾を代表する最大の港湾である。高雄港は、一〇〇〇万TEUのコンテナ取扱量を誇る世界第17位の大型港として知られている。アジア太平洋の海上交通の要衝に位置する地理的優位性を活かし、東アジア、東南アジア、北米間のトランシップ港として発展した。高雄港の後背地は、高速道路まで二km、空港まで三kmとアクセスに恵まれ、現在はコンテナターミナルから高速道路へ直接乗り入れするためのコンテナ車専用道路を整備中であるなど、物流網のさらなる強化に取り組んでいる。台湾最北の基隆港と最南の高雄港は一つの高速道路で結ばれている。

高雄は、台北に続く台湾の経済文化拠点と目されている。高雄市においては、市政府都市発展局が沿岸エリアの開発計画（Asian New Bay Area in Kaohsiung 2014）を発表し、Asia New Bay Area の再開発に着手している。同地域の面積は600ha（1,500acres）に及び、総投資額は一三〇〇億台湾ドルとなっている。当該地区の中心部には、超高層の高雄八五スカイタワー（八五大樓ビル）が聳え立ち、周辺には高雄港ターミナルのほか、国際展示場（Kaohsiung Exhibition Center）、ソフトウェア開発拠点（Kaohsiung Software Technology Park）、中国製鐵本社など巨大施設が立ち並ぶ。

②台北港

台湾の首都にある台北港は、台湾北西部を流れる淡水川の河口に位置し、二〇〇四年に国際商港と位置付けられ、基隆港の補助港として発展してきた。台北には国内企業の本社も数多く存在しており、物流面から見ても重要な地域である。基隆港の補助港ながら、基隆港の五・五倍の広さを有し、主に石油製品、自動車、コンテナを取扱っている。二〇一六年、コンテナ取扱量は一四八万TEUとなり、初めて基隆港（一三九万TEU）を超えた。同年、台湾における取扱量は、高雄港（一〇四六TEU）、台中港（一五四TEU）に次いで第三位となった。台湾北部の火力発電所向けに輸入石炭の陸揚げ港、重

基隆に近い台湾観光の要「九份」

要なエネルギー拠点として位置づけられてきた。今後は、風力発電設備の組立・輸送基地が港湾内に設置される計画もある。

港背後には、新竹工業区や新竹サイエンスパークといった台湾北部の工業地域があり、近隣地区には高速道路が走り接続が容易なほか、首都台北まで約30分、桃園国際空港まで約二十分とアクセスは良好である。

③基隆港

基隆港は、二〇二一年で高雄港に続く台湾第四位の貨物取扱量を誇る。国内はもちろん台湾の国際物流及び貿易の重要拠点である。台湾北部の天然の良港を基盤に発展し、現在は海運の中継港として、台湾国内の内航航路と組み合わせた物流ネットワークを形成している。海上コンテナが主であり、混載貨物を補助的に取り扱い、国際大型コンテナ船が定期航路している。そのコンテナヤードには、多くの輸出入貨物が集積している。基隆港は、港湾と観光産業を複合させた発展計画を進めている最中であり、専門委員会も設置されている。基隆の周辺には、台湾を代表する観光名所「九份」、「十份」といった観光資源が点在している。九份と基隆は直通バスで結ばれており、基隆は台湾観光の重要拠点となっている。

④桃園港・桃園国際空港

桃園は、台湾西北部に位置し、国際空港の台湾桃園国際空港が存在することから、近隣の台北港、基隆港とともに、アジアの船便・空便など運輸交通の中心地となっている。桃園地区は、台湾のトップ五百製造業のうち、二百以上の企業が工場を構える一大工業地帯を擁している。

3．日本を目指す台湾企業

この数年、日本では、空前の台湾ブームが起きている。二〇一九年、二〇二〇年にはタピオカブームが起こり、台湾カフェで有名な春水堂も日本進出を果たした。ブームを後押しするかのように、二〇一九年に誠品書店が日本橋に「誠品生活日本橋」を開店した

外食、小売り分野の台湾進出はすでに本格化しているが、二〇二一年以降、台湾のハイテク企業、スタートアップ企業が日本に進出し始めている。これまで社会のデジタル化が遅れていた日本だった

が、この数年は日本政府が先頭に立ってＤＸに本腰を入れている。また、中国に進出する台湾企業が多かったが、台中関係の緊張化や硬直的な中国政府の政策が台湾企業の懸念材料となっている。中国進出がコスト面で不安視されているのである。日本の文化や商習慣への親近感も手伝って、日本を優先的に進出先に選ぶ台湾企業は増えている。

例えば、デジタルマーケティング大手のアイカラ（iKala）は、二〇二一年九月に日本法人を設立した。同社は、独自のＡＩ技術とビッグデータを利用した、アジア最大規模のインフルエンサーマーケティングのプラットフォーム（KOL Radar）を運営している。それまでも台湾はじめタイやマレーシアなどでサービス展開していたが、プラットフォームを日本にも持ち込むことになった。日本では、多数のインフルエンサーの関心領域や投稿頻度といったデータをＡＩで分析し、ネットマーケティングを行いたい消費財メーカーに対し、最適なインフルエンサーを提案し、両者を結び付けるといった新しいマーケティング手法を提案していく予定である。

すでに日本に進出する台湾のハイテク大企業も少なくない。これまで取り上げたＴＳＭＣは、半導体製造では世界最大のファウンドリ企業だし、シャープを買収した鴻海精密工業は、スマートフォンや薄型テレビを受託生産するＥＭＳとしては、世界最大の企業である。

日本に進出する台湾のハイテク大企業は、ＴＳＭＣのほか、世界最大級の大手ＯＥＭ企業の緯創資通（ウィストロン・Wistron）、エネルギーデータのプラットフォーム企業のネクストドライブ（NextDrive）、パソコン及び関連機器メーカー企業グループの宏碁（エイサー・Acer）など多数にのぼっている。

エイサー本社ビル（台湾新北市）

ウィストロンは、ODM設計・製造メーカーとして、顧客企業が各自のブランド名で販売する製品の設計・製造を行っている。ノートパソコン、デスクトップ、サーバー、医療用デバイス・機器など、情報通信技術（ICT）関連製品を専門としている。二〇〇三年に日本法人ウィッツ株式会社（Wits Japan）を設立、同社は東京と大阪にオフィスを構え、多くの若手が活躍している。

ネクストドライブは、二〇一三年に台湾で設立された。エネルギーのインターネット（Internet of Energy：IoE）、ホーム・エネルギー・マネジメント・システム（Home Energy Management System：HEMS）を活用したエネルギー管理とクラウドサービスを開発・提供する、エネルギーデータのプラットフォーム企業である。IoTとソフトウェア・ハードウェア技術を統合し、電力会社をはじめとするエネルギー関連企業にワンストップでエネルギーデータ・プラットフォームサービスを提供している。同社は、二〇一七年一月に日本法人を設立し、企業向け節電ビジネスを展開している。

エイサー（宏碁股份有限公司）は、台湾新北市に本社を持つパソコンおよび関連機器メーカーである。一九七六年、電子計算機のエンジニアだった施振栄（スタン・シー）とその妻である葉紫華（キャロリン・イー）が設立した宏碁公司を基盤として発展した。デスクトップ・モバイルPC、サーバおよび記憶装置、ディスプレイ、周辺装置を販売し、ビジネス、政府、教育、個人ユーザーに対し、広範囲にわたりITソリューションを提供している。同社は、二〇〇七年八月に米国のゲートウェイ社を七億一〇〇〇万ドルで買収することを発表し、世界的なパソコンメーカーに脱皮する足掛かりを得た。一九八八年に日本法人が設立され、PC本体や液晶ディスプレイなどを家電量販店で販売している。

4．台湾に進出する日本企業と活動

一九五〇年以降、企業活動を通した日台の経済交流は、順調に拡大している。まず、日本からの台湾への投資は、一九五二年から始まり、すでに七十年以上が経過した。台湾は、世界の重要な加工基地に発展し、一九九〇年代までには新興国からの挑戦を受けるまでになった。

日本企業の台湾進出は、一九六〇年代から七〇年代前半にかけて第一次ブームとなった。安い労働力を求めて日本と相対的に有利な台湾に生産拠点を求める日本企業は多かった。一九七〇年代までに進出したのは、家電産業と電機産業が中心だった。日立、キャノン、松下電器、三菱電機、ブラザーといった大手企業が台湾に現地法人と工場を設立した。

一九八〇年代に入り、精密や自動車を中心とした日本企業の台湾進出が第二次ブームとなった。自動車、自動車部品産業においては、日本企業が支配的な存在となり、台湾企業の現場での生産方式の改革や生産性向上に大きな影響を与えた。国瑞自動車（トヨタ）や慧国工業（アイシン精機）の存在と活動が目立っていた。

一九九〇年代に入ると、台湾情報機器産業と半導体産業の著しい発展が世界的に大きな注目を集めようになった。例えば、台湾日立テレビはエイサー（宏碁股份有限公司）の資本参加を受け、情報機器産業を積極的に多角化していたが、当時台湾情報機器産業の勢いを借りて事業展開した日本企業は少なかった。ただし、二〇〇〇年以降は、台湾のＴＦＴ―ＬＣＤ産業において、日本企業の影響が数多く見られ、日本企業の本格的な台湾進出の第三次ブームが到来した。台湾アルバック光電と台湾凸版はその代表例である。台湾は、戦後、労働集約型組立産業、技術集約型産業、ハイテク産業と着実に産業高度化に邁進してきた。日本企業の発展は、台湾企業の発展そのものを物語っているのである。

最近では、日台企業の相互進出はますます加速している。帝国データバンクが二〇二二年七月時点での同社保有データに基づきまとめた結果によれば、台湾に対して現地法人や関係会社・関連会社の設立及び出資、駐在所・事務所の設置などを通じて進出する日本企業は、二〇二二年七月時点で三一二四社に達する。中国への進出企業（一万二七〇六社）に比べると四分の一の規模にとどまるものの、多くの日本企業が台湾へ進出していた。ほとんどが台北市を中心とした台湾北部に集中している。一方、台中市（一三三社）、高雄市（一四一社）など、中部・南部の進出も多い。

台湾情勢の緊迫化を受け、台湾に進出した日本企業は対応に迫られている。米中対立が厳しさを増すにつれ、中国ビジネスを展開する日本企業に影響を及ぼす可能性がある。主要企業は中国・台湾ともに進出しているが、経済安全保障の観点からも、中国と台湾の衝突による世界的なサプライチェーンの分断を防ぐか、対応策の策定が喫緊の課題となっている。台湾に進出する日本企業の特徴としては、台湾を経由して中国への進出割合も高いことがある。台湾進出企業3,124社のうち、中国に進出している企業は五〇％を占め、台湾企業が結びつきを強める米国と比べても高い。台中双方に進出する企業のうち、業種別では産業用工作機械など「電気機械器具卸売業」が最も多く、事業持株会社などの「投資業」、総合商社など「各種商品卸売業」、「半導体製造装置製造業」といった業種も目立っている（帝国データバンクの本調査は、本調査は、帝国データバンクが保有する企業概要データベース「COSMOS2」（二〇二二年七月時点、約一四七万社収録）及び信用調査報告書ファイル「CCR」（約一九〇万社収録）、各社の公開情報などを基に、台湾に対して現地法人や関係会社・関連会社の設立及び出資、駐在所・事務所の設置などを通じて進出する日本企業を対象に集計を行ったものである）。

日本企業と台湾企業が連携するメリットは大きい。台湾企業と連携する日本企業は、まず、台湾企業が中国で構築した生産拠点と販売ネットワークを活用できる。台湾企業が中国で築いた政府との関係、人脈、人材を活用し、日本企業の力が及ばない政府との折衝、労務管理を台湾企業に任せることができる。台湾企業からIT製品などをOEM／ODM調達することは、日本企業にとって低コストで良質な製品と部品を調達でき、コストを抑えることで競争力を高めることができる。また、台湾企業とまず手を組み、現地で事業を展開して経営ノウハウを蓄えてから、中国やアジア他国への事業展開を図る方法もある。まずは歴史的・精神的に近い台湾から始めてみることは、中小企業などにはよい選択肢となるのではないだろうか。東アジアの中心に位置し中国や東南アジアとの関係も深い台湾で事業を展開すること自体、日本企業が当該地域での国際経営を成功させる絶好の機会となり得るのである。台湾企業にとっても、日本企業の技術力を吸収できること、日本企業への製品と部品納入、またはOEM／ODM供給は、台湾企業にとって生産拡大の意義が大きい。

台湾に進出する企業で高い存在感を示しているのが、ユニクロ、無印良品といった大手小売業である。ユニクロは、台湾のアパレル市場でシェア第一位、国民のほぼ全員がユニクロを知っていることから、台湾の国民的ブランドと呼ぶに相応しい存在になった。二〇二〇年の進出十周年の時点で、台湾の店舗数は六十九店舗までに拡大した。二〇〇四年、無印良品は台湾第一号店を開店、台湾メーカーにはない「気の利いたちょうどよさ」を売りに、大型百貨店や商業施設に店舗を展開してきた。コロナ禍の中でもその存在感を高め、五〇〇坪以上の旗艦店を台北、台東、高雄、台中に開店し、二〇二三年三月現在、台湾全土で計五十八店舗、三つのネット店舗を展開するまでになっている。

5. 鴻海のシャープ買収

二〇一六年三月末、電子機器を受託生産するEMS（Electronics Manufacturing Service）企業の世界最大手、台湾の鴻海精密工業によるシャープの買収を決定した。米国でもなく欧州でもなく、台湾企

鴻海精密工業（左）とシャープの本社ビル

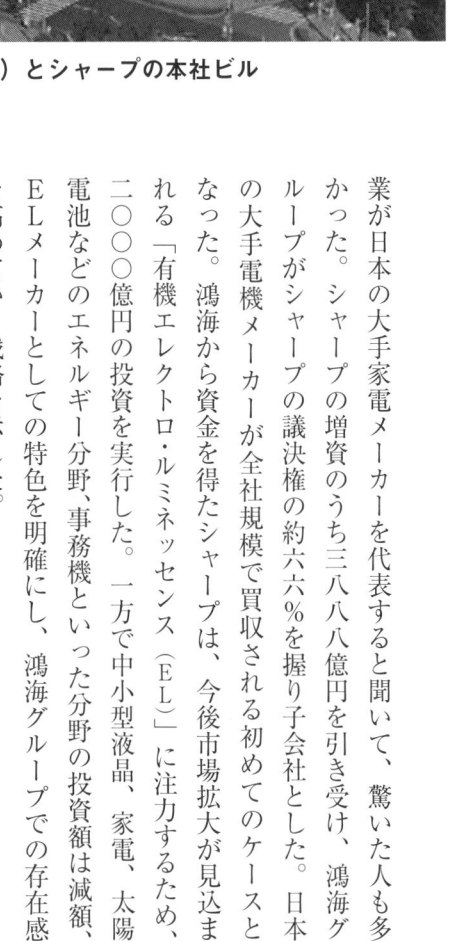

業が日本の大手家電メーカーを代表すると聞いて、驚いた人も多かった。シャープの増資のうち三八八八億円を引き受け、鴻海グループがシャープの議決権の約六六％を握り子会社とした。日本の大手電機メーカーが全社規模で買収される初めてのケースとなった。鴻海から資金を得たシャープは、今後市場拡大が見込まれる「有機エレクトロ・ルミネッセンス（ＥＬ）」に注力するため、二〇〇〇億円の投資を実行した。一方で中小型液晶、家電、太陽電池などのエネルギー分野、事務機といった分野の投資額は減額、ＥＬメーカーとしての特色を明確にし、鴻海グループでの存在感を高めていく戦略を示した。

鴻海傘下に入ったシャープは、二〇一六年第３四半期（十一—十二月期）に早々と黒字化を果たし、産業界や市場の期待感は高まった。その後二〇二一年度まで、シャープの業績はほぼ順調に回復した。二〇二一年度は、ブランド事業の売上高が前年度比三・六％増の一兆三八六四億円、デバイス事業が前年比一・七％減の一兆二三五五億円となり、通期で七三九億円の最終損益を計上した。しかし、二〇二二年度は売上高は前年度比二・一％増の二兆五四八一億円となったものの、一二〇五億円の減損損失を計上したことなどが響き、通期で二六〇八億円の赤字に転落した。さらに、二〇二三年三月期の決算では、二六〇八億円にのぼる巨額赤字に陥った。最終赤字に転落したのは、二〇一七年以来六年ぶりで、赤字額は過去三番目の大きさとなる。その最大の要因が、主力の堺工場（大阪府堺市）を運営する子会社、堺ディスプレイプロダクト（ＳＤＰ）の生産設備を見直した結果、一八八四億円の減損損失を計上したことだった。

堺工場は、二〇〇九年にシャープが四三〇〇億円を投じて建設した。しかし、韓国や中国のメーカーとの価格競争が激化、液晶パネルの市況が低迷し、二〇一二年三月期にはシャープは三七六〇億円の赤字を計上し、経営危機が表面化した。この時、鴻海創業者の郭台銘氏がシャープ経営陣から請われ、個人資産管理会社を通じてＳＤＰに六六〇億円を出資し三七・六一％の株式を取得し、堺工場はシャープと鴻海の共同運営となった。

シャープの経営悪化は、日台の企業提携が試練を迎えている一例である。鴻海はシャープに対し経営改善計画を要請し、成果が上がらなければ経営陣の交代を求める考えを示した。日台協力のシンボルとして内外の注目を集めたシャープの経営の先行きは不透明感を増している。日台企業の大型連携として、近年では大きく注目された鴻海、シャープの提携は、期待と不安が入り混じっているのが現状だが、両社の事業改革、政府による支援、あらゆる選択肢を駆使し、日台経済連携の象徴として成功例となることを期待せざるを得ない。

中國信託商業銀行本部ビル（台北市）

6．中国信託商業銀行による東京スター銀行の買収

東京スター銀行は、二〇一三年七月、台湾大手の中國信託商業銀行（CTBC Bank）がほぼ全ての株式を五二〇億円で買収することで主要株主と大筋で合意したと『日本経済新聞』等が報じ、同年十月三十一日正式に発表した。二〇一四年六月二日、買収について中国信託商業銀が、金融庁から同日付で認可を得た。東京スター銀行は、一九九九年（平成十一年）六月に経営破綻した第二地方銀行である株式会社東京相和銀行の営業を譲り受けることを目的として新たに免許を受けた銀行であり、二〇〇一年（平成十三年）に東京相和銀行から譲受して営業を開始。社団法人第二地方銀行協会の加盟資格にある「会員から営業を譲り受ける目的で新たに免許を受けた銀行」とし

て現存している唯一の銀行である。

東京スター銀行を買収した中國信託商業銀行股份有限公司は、台湾最大規模の民間金融機関であり、台湾の大手金融グループ、ＣＴＢＣフィナンシャル・ホールディング（CTBC Financial Holding）の中核企業である。中國信託商業銀行は、総資産二三兆八三一九億円、従業員一七七六七名で、台湾国内一五二拠点のほか、日本、東南アジア、中国、香港、オーストラリアなどに二二二の海外拠点を展開している（二〇二二年十二月末現在）。

中國信託商業銀行の傘下に入った東京スター銀行が推し進めてきたのが、台湾への事業進出・展開を図る日本企業に対する金融サービスである。東京スター銀行は、二〇一五年十二月から、中國信託商業銀行と法人ビジネスにおける外国銀行代理業務委託契約を締結している。本契約に基づき、東京スター銀行は中堅・中小企業向けに、中國信託商業銀行での預金口座開設などを媒介するところから始め、中國信託のグループ企業としての強みを生かし、現在まで銀行取引のほか、様々な企業向けアドバイザリー取引を成約させてきた。そこでは、中國信託の広範な国際ネットワーク、台湾・中国ビジネスのプロフェッショナル、数多くの案件で培った豊富な知見が繰り出すソリューション能力、中国語・日本語でのサポート体制を強みとして、東京スター銀行が手掛ける台湾・中国ビジネスは日々拡大している（図表12）。

例えば、この数年で日本企業の台湾ビジネス関連でいくつかのアドバイザリー案件を成約させている。例えば、「スギ薬局」を展開するスギホールディングス株式会社（愛知県大府市）と台湾で「大樹

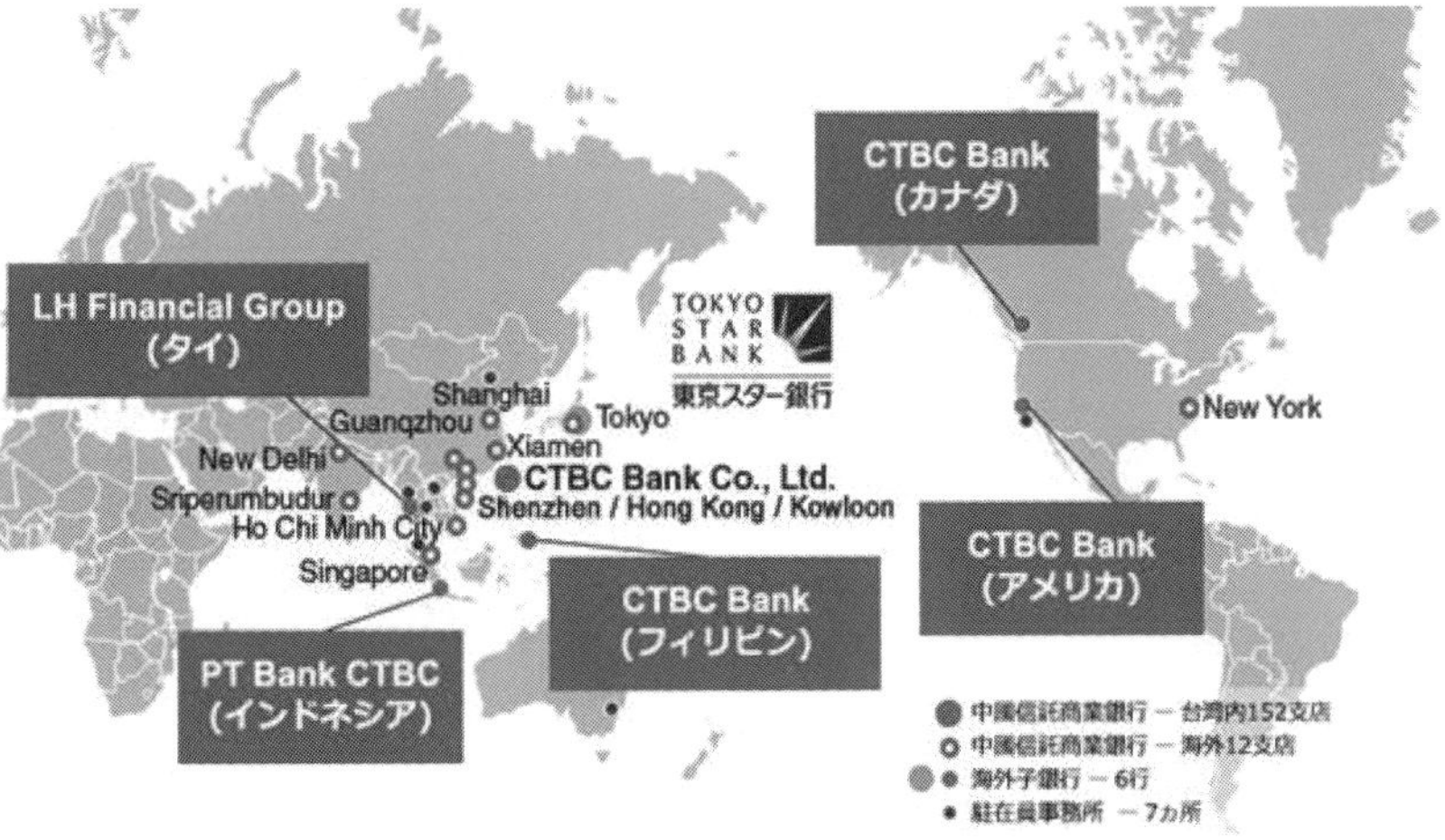

図表 12　中國信託商業銀行のグローバルネットワーク
東京スター銀行ホームページ

連鎖薬局」を展開する大樹醫藥股份有限公司の業務提携契約締結に関し、東京スター銀行はアドバイザーとして支援した（同行ニュースリリース二〇二〇年十二月三日付）。スギグループは、関東・中部・関西・北陸に一三〇〇店以上の店舗を展開し、健康増進に貢献する「トータルヘルスケア戦略」を展開している。東京スター銀行はスギグループに対し、台湾進出に関するアドバイザリーサービスを提供してきた。同行の覚書締結先である台湾の財団法人商業發展研究院を通じ大樹醫藥にアプローチし、両社の交渉支援をしてきた。この提携により、両社の台湾の相互進出やアジア地域の進出も視野に入れるものと思われる。

二〇二三年十一月には、九州を中心に不動産事業を展開するリアリティマネジメントと台湾発の次世代型駐車場シェアリングサービスを展開する企業ユースペースの業務提携をアドバイザーとして支援した（同行ニュースリリース二〇二三年十一月七日付）。ユースペースは、ユーザー用アプリを使い、駐車スペースを利用したいユーザーと手軽に駐車スペースを提供したい駐車場オーナー双方に便利なサービスを提供している。東京スター銀行は、ユースペースの画期的なビジネスモデルに着目し、中國信託のネットワークを利用して駐車場需要が旺盛な福岡で不動産事業を行うリアリティ社とユースペースを引き合わせ、業務提携を支援した。

台湾関連ビジネスに強みを持つ東京スター銀行は、台湾を代表する半導体企業ＴＳＭＣの熊本進出にも素早く対応している。同行は、二〇二三年十二月に熊本市に新たな拠点を開設すると発表した。十二月十八日、ＪＲ熊本駅前のビルに「熊本オフィス」を開き、中国語に対応できる従業員数名が駐在し、ＴＳＭＣを含む台湾企業の駐在員向けに預金口座の開設や住宅ローンなどの金融サービスを提供するほか、半導体産業を中心に台湾と九州の企業の相互進出も支援するものである。ＴＳＭＣの熊本進出を踏まえ、ネットワークを活用して台湾企業や半導体業界向けのサービスを強化するとしている。日本に進出する台湾企業、台湾に進出する日本企業、ともに増加が見込まれるなか、中國信託傘下に入った東京スター銀行の活躍に期待と注目が集まっている。

参考文献

王志誠「台湾における企業法制度の軌跡と特色」松山大学『松山大学論集』第20巻第6号 二〇〇九

年二月
菊池正典「半導体産業のすべて～世界の先端企業から日本メーカーの展望まで～」ダイヤモンド社　二〇二三年二月
佐土井有里「日本・台湾産業連携とイノベーション」創成社　二〇一七年六月
佐藤幸人「台湾ハイテク産業の生成と発展」岩波書店　二〇〇七年三月
嶋崎賢太「高尾港・台湾港における自由貿易港区（FTZ）の活用」World Watching 205 公益財団法人日本港湾協会『港湾』二〇一七年六月号
渡辺利夫・朝元照雄「台湾経済入門」勁草書房　二〇〇七年六月
帝国データバンク「日本企業の「台湾進出」動向調査（2022年）」二〇二二年八月二十四日付
https://www.tdb.co.jp/report/watching/press/p220810.html
東京スター銀行ホームページ　https://www.tokyostarbank.co.jp/profile/shareholder/
日本金融通信社「ニッキンオンライン」二〇二三年二月九日
https://www.nikkinonline.com/article/81913

第三章

半導体産業の巨星・台湾TSMC

日台関係研究会事務局　松本一輝

世界一の半導体製造メーカー　ＴＳＭＣ

ＴＳＭＣ（Taiwan Semiconductor Manufacturing Company, Ltd：台湾積体電路製造股份有限公司）は台湾にある世界最大の半導体受託製造企業（ファウンドリ）である。社名が示すように、ＴＳＭＣは半導体の設計は行わずに、製造のみを専門に行う会社である。一九八五年の創業以来、半導体産業の成長とともに名を上げ、二〇一〇年代にはインテル、サムスンと並んで世界トップ３の企業となった。

そして、二〇二二年の半導体売上ランキングでは七五八・八億ドルと世界一となった。（ＴＳＭＣが売上高で世界一位へ…驚異の営業利益率49・５％の理由　https://www.alphapolis.co.jp/business/provided/3/6854?page=1）

半導体はスマートフォン、パソコンはもちろんのこと、自動車や家電に至るまで様々な製品で用いられており、コロナ禍においては、不足した半導体の確保について各種業界の関心を集めた。本章では、半導体の供給において今や世界的に重要な企業となったＴＳＭＣについて述べる。

ＴＳＭＣの創業とその背景

ＴＳＭＣの歴史は、一九八五年にさかのぼる。

台湾は一九八〇年代には、半導体産業において、確かに一定の地位を築いてはいた。外国製のチップをテストし、パッケージに取り付ける半導体の組立工程において、アジアをリードしていた。しかし、当時の半導体産業において、とりわけアメリカのシリコンバレーでは開発設計と製造の両方ができて一人前という考えが根強かった。実際、収益の大半は半導体を設計して製造する会社に回り、台湾はそのおこぼれを頂戴する立場に甘んじていた。

一九八〇年、台湾政府はその援助、支援政策によって、半導体メーカーのＵＭＣ（United Microelectronics Corporation：聯華電子股份有限公司）を創設させ、半導体製造事業に参入を試みた。半導体の製造ライセンスを取得して臨んだプロジェクトであったが、当時は世界のトップ企業に技術面で遠く及ばず、すぐに成果は得られなかった。ＵＭＣが存在感を示すようになるのは、一九九〇年代以降である。二〇一五年には、半導体受託製造で第三位となっている。

このように、当時の半導体産業において、台湾はトップグループに差をつけられた状況だったが、そればかりでなく下位グループの位置を維持することも容易なことではなかった。というのは、中国の存在がしだいに大きくなってきたからである。

毛沢東政権下においては、一九六〇年代頃から「自力更生」を目指す毛沢東思想の影響で、海外との経済取引を遮断していた。そのため、半導体産業の開発もストップしていた。しかし、一九七六年に毛沢東が死去すると、「改革開放」へと中国の政策は様変わりして、門戸を開いて世界に向けて経済進出を始めたのである。半導体産業もその例外ではなく、のちに中国国家主席となる江沢民・電子工業部長が先頭に立ち、電子機器産業を優先事項の一つに掲げていた。当時には世界から五年、十年遅れているといわれた中国の電子産業が、遅れを取り戻しにかかったのである。台湾にしてみれば、このままではいずれ仕事が奪い取られてしまうのではないか、という見方が強くなった。

そのような状況のもと、一九八五年、台湾政府は新たな半導体政策に乗り出した。一九五〇年代からアメリカで半導体製造にかかわっていたモリス・チャン（張忠謀）を台湾に招き、「世界に通じる半導体産業を台湾に作り出してほしい」と要請したのである。チャンは「願ってもないことだ」と承諾し、政府機関である台湾工業技術研究院の院長に就任した。そして一九八七年、チャンはTSMCを設立し、創業者となった。

チャンは一九三一年に中国浙江省に生まれ、九歳の時に日中戦争の影響で香港に移住、十八歳の時にアメリカに留学して、そのままアメリカで半導体企業のテキサス・インスツルメンツ社で働き、四一歳で上級副社長に上り詰めた。しかし、社内の派閥闘争に巻き込まれて、八三年に辞職した。その後、ゼネラル・インスツルメントで短期間務めた後、台湾政府からの要請に応じたのである。

ファウンドリ専業として確立

台湾政府は当初、それまでの業界の先例にならって、設計から生産まですべて一社で行うメーカーの立ち上げを想定していた。しかし、当時世界を席巻してシェア争いを演じていた日本と米国と比較すると、台湾の半導体産業は町工場の部品メーカーレベルであり、世界と競争できる半導体開発技術は持っていなかった。

考えた末に、チャンはＴＳＭＣを製造のみを行うファウンドリ企業として確立することとした。しかし、すでに述べたように、当時は開発設計と製造の両方ができて一人前という考えが根強く、既存の企業は、製造のための自前の工場を所有しているケースが大半であった。そのため、ＴＳＭＣに興味を示す企業は皆無であり、数年間は売り上げがほとんどなかったという。

ＴＳＭＣの急成長

ＴＳＭＣの業績が上向いたのは一九九〇年代に入ってからである。このころ、アメリカのハイテク都市、シリコンバレーに、新進気鋭のベンチャー企業が次々と誕生した。このようなベンチャー企業は、設計開発は可能でも、技術的にもコスト的にも製造には手が回らなかった。そのためＴＳＭＣに、シリコンバレーのベンチャー企業からの仕事が次々と舞い込んだのである。

自前の工場を持たないベンチャーのファブレス企業と、ファウンドリ事業のＴＳＭＣが手を組み、相互に利益を上げ、技術を向上させ、半導体業界を発展させていくこととなったのである。

しだいにＴＳＭＣは、多くの企業から信頼を勝ち取り、提携を結び、製造パートナーとして世界的に認知されるようになった。

設計側企業からみると、外部委託は、工場など製造設備のコストを支出しなくて済む反面、アイデアや設計を盗まれるリスクがあった。そこでＴＳＭＣは半導体の設計は行わず、あくまで製造に専念することを顧客に約束した。このようにＴＳＭＣは、半導体開発メーカーや原料メーカーとぶつかり合わないこと、顧客と戦わず中立な位置に立つことを重視していたのである。そのことがＴＳＭＣが、情報・技術のセキュリティ面で信頼される大きな要因となったのである。

またそのころには、中国が組み立て技術の面で成長し、世界の工場としての地位が確立しつつあった。とはいえ中国は、まだ高度な半導体の設計・開発や製造の技術を持っていなかった。それでも、出来上がった半導体その他の部品を用いて最終製品を組み立てることについては、中国は主にコスト面で、一定の評価を得られるレベルに達していた。

そこで、中国に近い台湾がこの構造を活用して、台湾で半導体や精密機器を製造して、目の前の中国に運び、中国で組み立てて製品として完成させるという流れを確立させたのである。

スマートフォンの普及とＴＳＭＣ

ＴＳＭＣ大躍進の要因のひとつに、スマートフォンの爆発的な普及が挙げられる。

二〇〇七年に発売されたアップル社の iPhone は販売開始と同時に大きな話題となった。そして当時、スマートフォンとして定着していたブラックベリーやノキアを凌駕して、スマートフォンの代名詞としての地位を確立した。

それ以来、iPhone は日を追うごとに販売地域、販売台数を拡大し続け、近年では新モデルの発表が世界のトップニュースとして取り上げられる商品となった。

iPhone の大ヒット以降、Google 等の他社も、スマートフォン製造に本腰を入れて開発を進め、スマートフォンはかつてのパソコン以上にすべての人々の間で普及した。

ところで、スマートフォンの重要な電子部品としてＳＯＣ（システム・オン・チップ）が挙げられる。ＳＯＣは各種機能を集約して設計したチップで、これを使用することでスマートフォンの小型・軽量化・電力効率の向上が期待できる。しかしながらその半面、開発・製造難易度が高くなるとされる部品である。

アップル社の iPhone シリーズでは、二〇一〇年に発売した iPhone4 以降、ＳＯＣとしてアップル社が設計したＡシリーズプロセッサが搭載されている。これについて二〇一六年発売の iPhone7 に搭載したＡ10プロセッサ以降、ＴＳＭＣが独占的に生産契約を結び、本書出版時の最新機種である iPhone15 シリーズのＳＯＣについてもＴＳＭＣが独占的に製造している。

ＴＳＭＣとアップル社の独占契約の背景には、ＴＳＭＣの技術や生産能力と同時に、生産ラインの確保への信頼性がある。

高性能チップの大量供給というアップル社の注文に応えられる企業は、生産技術的にも量産能力的にも現時点では世界でＴＳＭＣしかないといわれている。アップル社以外にも、ＴＳＭＣの最新の生産ラインでの製造を希望するメーカーは山ほどあるため、ＴＳＭＣ側としては受注を断っている状態だといわれている。このため、ＡＭＤやインテル、エヌビディアやクアルコム、メディアテックなど、数々の半導体メーカーは、ＴＳＭＣの生産枠の獲得を狙っているという。

そうした中で、アップル社としては、世界における膨大な需要に対応するため、そして、高性能な製品を世に送り出すため、ＴＳＭＣとの強い協力関係を結んできたのである。

iPhoneと対抗するスマートフォンに、Googleが開発したAndroidOS搭載の、Androidスマートフォンの系列がある。

日本向けに流通しているAndroidスマートフォンは、ＳＯＣとしてクアルコムのSnapdragonシリーズを採用している機種が多数派だが、そのSnapdragonシリーズの場合も、ＴＳＭＣが製造を担当している比率が高い。ただし、こちらは機種によってはサムスンなど、他メーカーが製造を担当している場合もある。

さらに、中国、インド、欧州向けの５Ｇ対応ＳＯＣとして、多数のメーカーが採用している台湾のメディアテック社のDimensityシリーズ、HelioシリーズもＴＳＭＣが生産を受注している。

つまり、ＴＳＭＣはiPhoneのみならず、近年のスマートフォン全般の爆発的普及の波に乗って、勢力を急拡大したのである。

ＴＳＭＣ熊本工場の誕生

二〇二三年現在、ＴＳＭＣ熊本工場の建設が急ピッチで進められている。二〇二二年四月に着工してから二十四時間体制で工事は進められ、二〇二三年内の工場完成、二〇二四年中の生産開始を目指している。

ＴＳＭＣの熊本進出は、現地では経済効果が期待されている。というのは、ＴＳＭＣが一七〇〇人の雇用を予定している他、近隣に新たに進出したり、増設をする企業もあるので、熊本工場一帯ではＴＳＭＣ含めて七千五百人の雇用創出が見込まれている。

地元の金融機関「九州フィナンシャルサービス」の試算によると、経済波及効果は十年で四兆三千億円にもなるとされる。

工場の建設については、建設費用の七割がＴＳＭＣ、二割をソニー、一割をデンソーが負担し、日本政府も四千七百六十億円を補助するとしている。（ＮＨＫ熊本ＷＥＢ特集　クマガジン）

この数十年、日本の半導体シェアは下がり続け、意気消沈していた。しかし、このＴＳＭＣの工場建設をきっかけに、日本の半導体業界全体に活気が出てきたといわれ、日本政府においても期待が高まっている。

ＴＳＭＣが、進出先に熊本を選択した理由は、一つには熊本が元々、工業都市であったことである。九州には半導体関連産業が多く集まっており、シリコンアイランドと呼ばれてきた。つまり、九州には大小約一千社の半導体関連企業があるが、そのうち二百社以上が熊本県に集中している。例えば、建設中のＴＳＭＣ熊本工場の隣には、ソニーの工場があり、県内には他にも輸出用機械、電子部品、デバイス部品の工場が連なっている。

そこにＴＳＭＣの半導体工場ができるということは、ＴＳＭＣにとっても、熊本県にとって大きなメリットとなる。

熊本と高雄市との関係

もうひとつの理由として、熊本県と台湾南部に位置する高雄市の間に、以前から交流があったことが挙げられる。

二〇一三年九月九日、熊本県の蒲島郁夫知事と熊本市の幸山政史市長は、台湾の高雄市を訪れ、陳菊市長との間で経済交流に関する覚書に調印した。この覚書調印によって両都市は、貿易や投資の促進、観光、教育分野の相互交流を図ることとしたほか、航空定期便を就航させることにした。（『「国交」を超える絆の構築』 第三章、二〇〇頁参照）

その後、二〇一七年一月十一日に国際交流促進覚書を締結して、熊本と高雄市は友好交流都市となったのである。

こうした背景もあり、二〇一六年の熊本地震の際には、高雄市から義援金が送られ、また、高雄市、台南市で被害が出た二〇一八年の台湾東部地震の時には、熊本市から義援金が送られた。

ＴＳＭＣが工場建設地を熊本に決定した要因には、こうした二つの事情があったのである。

ＴＳＭＣの海外進出と台湾有事への影響

ＴＳＭＣは近年、半導体の生産拠点を世界各地に分散する方針をとっている。日本においては、すでに述べた熊本工場に続いて、日本で二つ目の工場建設を計画しており、このほかにアメリカ西部のアリゾナ州にも、二つの半導体工場の建設を進めている。さらに、今まで進出していなかった欧州にも工場を建設することを発表した。

このような工場増設の背景には、コロナ禍で急増した半導体需要の大きさがある。確かに、最先端技術で生産される半導体は、今でも製造ラインの取り合いとなっている。しかし、コロナ禍が収まるとともに、比較的古い技術の半導体は、むしろ生産に余裕がある状態といわれており、生産拠点分散の決め手であるとはいえない。

大きな要因として挙げられるのが、台湾と中国の両岸危機問題である。

いまや半導体は、スマートフォンやコンピューターのみならず、自動車や家電製品の製造など様々な分野で欠かすことのできない必須アイテムとなっている。

ＴＳＭＣは、二〇二二年第三四半期では世界の半導体生産量の五六・一％という大きなシェアを担っている。そして、三ナノメートルＩＣウェハーさらには二ナノメートルＩＣウェハーなど、技術的にＴＳＭＣでなければ生産することができない半導体も存在する。

それだけにＴＳＭＣの工場でトラブルが起これば、世界中の様々な業種に大きな影響が生じることは避けられない。ＴＳＭＣが順調に半導体製造を継続できるかどうかは、もはや一企業の経営上の問題ではなく、また台湾に限られたことでもなく、世界的が固唾をのんで注目するような重要事項なのである。そして、そのＴＳＭＣの工場は、二〇〇キロに満たない幅の台湾海峡を挟んで中国と対面する台湾西部に多く存在している。

そして二〇二三年五月のＧ７広島サミットにおいて、首脳コミュニケに「台湾海峡の平和と安定の重要性を再確認する」と示された。このように、この地域を世界が注視しているが、それは安全保障上の危険が迫っていることの反映である。中国の習近平国家主席は、ことあるごとに台湾併合を国家目標として宣言しており、その実現には武力行使を辞さないと明言している。しかし、中国による台湾への武力攻撃がＴＳＭＣを始めとする半導体工場の破壊を伴うとすれば、中国の製造業にとっても取り返しのつかない影響が出ることが想定される。

というのは、中国は、七〇％を超える半導体自給率を掲げているが、二〇二一年の実績は一六・七％に過ぎず、中国が武力行使によってＴＳＭＣの工場を破壊した場合、中国経済へも大きなダメージを与えることが避けられいからである。それだけに、台湾にとっての半導体産業は、中国の台湾進攻を防ぐ「シリコンの盾」と呼ばれることもある。

しかし、中国による台湾への武力行使は、国家目標達成の可否、あるいは中国共産党の存在価値をかけた決断であるとすれば、習近平政権が、そうした経済合理性にたつ判断を放棄する可能性を否定できない。つまり、「シリコンの盾」は、台湾の希望的な見方にとどまるかもしれない。

習近平政権の中国を警戒しているのは、台湾だけではない。アメリカも同様である。そして、中国と同様にアメリカの経済も台湾の半導体産業に依存しているから、アメリカは中国による台湾の半導体産業への武力攻撃を看過するはずがないという見方がある。つまり、このためにアメリカが中国による台湾への軍事的威嚇、武力行使を許さないとすれば、共産党一党独裁の中国といえども、容易に武力発動はできないかもしれない。やはり「シリコンの盾」は機能するのかもしれない。

アメリカは対中政策として、中国の通信機器メーカー大手のファーウェイ（華為）に対する規制を段階的に強めてきた。まず二〇一九年五月、アメリカ政府は自国企業に対してファーウェイとの電子部品やソフトウェアの取引を禁じた。すると、これに対してファーウェイは、子会社のハイシリコンが設計した半導体や、米国以外の企業が作る部品を使うことで対抗した。

そこで米国は、二〇二〇年五月、米国以外の企業に対しても、製造に米国の技術を使っている場合、ファーウェイへの半導体の供給を禁じることにした。こうなるとファーウェイが半導体の製造を委託するＴＳＭＣは、米国の製造装置を使っているため、取引継続が難しくなる。それも当初はファーウェイが設計に関わる半導体のみが取引規制の対象だったが、同年八月に汎用品が対象に加わった。

そして、もう一つの対中政策として二〇二二年八月に成立した「ＣＨＩＰＳ法」（正式名称：CHIPS and Science Act）がある。この法律には、半導体メーカーを支援する五百二十七億ドルに上る予算と、半導体生産分野への投資を促すための税制優遇策に加えて、人工知能やロボット工学、量子コンピューティング、その他の先端分野における科学研究を支援する二千億ドルに上る予算が盛り込まれている。

そして、補助金を受け取る企業は、今後十年間、懸念国への投資を制限されるのである。その懸念国として指定されているのは、北朝鮮、ロシア、イラン、そして中国である。

つまりこの法は、米国内の半導体産業の発展を促すと同時に、中国への投資を食い止める狙いをも持っているのである。（始動したＣＨＩＰＳプログラム、サプライチェーンに与える影響は（米国）https://www.jetro.go.jp/biz/areareports/special/2023/0501/f620adcf8aefb0df.html）

ところで、台湾、そしてアメリカが恐れているのは、工場が中国によって破壊されることではなく、工場が占拠され、ＴＳＭＣの技術や設備が奪われる事態であるともいわれている。

そもそもＴＳＭＣの製造する半導体は、電子製品の製造はもちろん、軍需産業にも転用できるものである。それだけに、ＴＳＭＣの工場が中国の手で占拠されるという事態が現実化するなら、その工場を爆破する想定もされているという。

アメリカ工場を建設しているＴＳＭＣであるが、アメリカでの半導体生産は、台湾の一・五倍以上のコストがかかるといわれている。もちろん、工場建設のコストも莫大なものがある。しかしすでに述べたように、ＴＳＭＣの危機はアメリカにとっても他人事ではない。もはやＴＳＭＣと各国は運命共同体となっているため、進出先の国や企業から補助金が拠出される状況にある。海外展開を進める背景には、こうした安全保障上の理由も小さくないのだ。

クリス・ミラー（著）、千葉敏生（翻訳）『半導体戦争――世界最重要テクノロジーをめぐる国家間の攻防』ダイヤモンド社　二〇二三年
湯之上隆『半導体有事』（文春新書）文藝春秋　二〇二三年
菊地正典『半導体産業のすべて――世界の先端企業から日本メーカーの展望まで』ダイヤモンド社　二〇二三年
ニューズウィーク日本版編集部『ニューズウィーク日本版 二〇二三年八月二九日号　半導体の歴史学』　ＣＣＣメディアハウス　二〇二三年

第四章

台湾と国際機構の関係について——ＷＴＯにおける台湾の地位　国際法の視点から考える

東京国際大学国際関係学部教授　野澤基恭

はじめに

国際法を、国家間の関係を規律する法として捉えた場合、国際法の主体は、まず第一に、国家である。国連や、多数の主要国が国家として認めていなくても、国家は一定の要件（国家性の要件）を満たすことによって国際法の主体となる。厳密に言えばこれを「事実上の統治主体」と呼ぶことがある。これに関しては、前著「国境を越える絆の構築」の中で台湾の自決権との関係で詳説した。今回は事実上の統治主体である台湾が、国際社会の一員としてどのように扱われ、それに対してどのように対応してきたかに関して、国際法の視点から国際機構への加盟、国際システムへの参加について考察してみたい。

国際機構とは

国家と並んで、重要な国際法主体として国際機構がある。国際機構とは、「複数の国家により、共通の公共目的を実現するために、条約に基づいて設立された、固有の主体性をもつ、常設的な組織体」（狭義の国際機構）である。この定義にしたがえば、ユニセフ（UNICEF; United Nations Children's Fund＝国際連合児童基金）やＵＮＤＰ（United Nations Development Programme：国連開発計画）のような国連補助機関は、条約に基づいて設立されていないので、独立した国際機構とはみなされない。

また、複数国家によらず、条約に基づかないＮＧＯ（非政府間国際機構、民間団体）は当然に除外される。近年、よく耳にする、特定目的のために一部の国々が集まって定期的に会合し、共通の目的を達成しようと行動する継続的国家間協力制度（いわゆるレジーム）が世界各地で作られている。たとえば、気候変動枠組条約などの国際環境条約のもとの諸制度や主要先進国首脳会議、金融・経済サミット、ＢＲＩＣＳ等は、条約に基づく組織体ではなく、また独立の主体性もなく、常設的機関ももたないことから、国際機構には含まれない。即ち、国際機構といえば、一般的に政府間国際機構（intergovernmental organization）をさすことになる。

国際機構への加盟と国家の承認

国家承認を表明する方法は、特に決まっているわけではない。国際社会の慣例に従えば、それはおおよそ次の二つに分類される。一つは明示的承認、もう一つは黙示的承認である。前者の例としては、二国間条約の中に相手国を承認する旨の規定を明記することである。一九七九年にエジプトがイスラエルとの平和条約において、イスラエルを承認する旨を明記した（3条1）ものがある。後者の例としては、一定の国家行動によって間接的に承認の意思を伝えるやり方である。具体的には、外交関係を正式に開設すること、両国間で包括的二国間条約を締結すること、国際機構への加盟に賛同すること、などをあげることができる。台湾は現在世界の十三カ国と国交がある（かつては二十カ国以上との国家があった）が、そのほとんどが後者の例（外交関係の開設）といえる。

次に、国際機構への加盟と国家承認について、国際連合を例に考えてみたい。国際連合は現在唯一の普遍的国際機構であるといえる。現在の国連加盟国は百九十三カ国であり世界中の大多数の国がこれに加盟していることになる。新国家が国連に加盟するということは、一般的に国家承認にどのような効果をもたらすことになるのか。ハンス・ケルゼン（一八八一〜一九七三）によれば、国連に加盟する（加盟が承認される）ということは、国連憲章が定める権利義務に鑑みて、国家の承認を意味するとしている。しかしながら、実際には国連はこれとは違う取り扱いをしている。即ち加盟と国家承認を一体として捉えてはいないのである。初代国連事務総長であるドリグブ・リーは一九五〇年の書簡において、加盟と承認はそれぞれ別の制度であると述べている。この考えは現在でも踏襲されていると考えてよい。とは言うものの、これまでの慣行によれば、国連加盟国となったということは、加盟国すべてに憲章2条等の基本原則が適用されることになり、当該国家の国連加盟に積極的に賛同し歓迎した国は黙示的承認により、国家承認の効果を認めることができると考えられる。例としては、わが国が、モンゴル、ブータンの国連加盟対する賛同をあげることができる。

しかし、ここで忘れてはならないのは、今までの話はあくまでも国連に加盟できてからの話である。ちなみに、国連加盟の承認は、安保理の勧告に基づいて、総会の三分の二以上の多数の表決によって行われる（憲章4条2、18条2）。直近の国連加盟状況について概観すると、百九十三番目の加盟国は南スーダンである。二〇一一年七月、安保理の勧告の後、国連総会はスーダンから分離・独立した南スーダン共和国の国連加盟を全会一致で承認した。ここで評価されるのは、総会における全会一致もさることながら、安保理の勧告が得られたことである。一方で二〇〇八年にセルビアから独立を宣言（二〇一〇年に国際司法裁判所も勧告的意見で独立の合法性を認める）したコソボ共和国は、日本も含めて多くの国連加盟国が承認している（百十三カ国）が、セルビアは言うまでもなく、ロシア、中国、スペイン、ギリシアなどが承認を拒んでいる。また、ロシア、ルーマニア、モルドヴァ、キプロスなどは独立そのものに異を唱えている。国連常任理事国二カ国が反対すれば（拒否権を行使すれば）国連安保理の勧告は得られず、国連加盟は不可能である。これらの国家に共通することは、国内における分離独立運動の存在である。中国は、ウイグル・チベット自治区、台湾問題、スペインはバスク地方の分離独立運動への影響を考えて、コソボの国連加盟には反対をしている。またギリシア隣接するはコソボ、マケドニアの団結に対して、コソボの国連加盟には慎重な態度をとっている。

要するに、国家承認、国連加盟承認は、自決権の行使による植民地独立のような場合を除いては、国家性の判断のみならず、現実には各国の広範な政治的配慮（考慮）に服しているのが実情である。

台湾の国際機構への加盟への挑戦

国家承認問題とは別に、台湾は国際機構（特に国連及びその専門機関）に加盟することが国際社会において、国家としての台湾の地位を認識させる絶好の機会であると考えていた。こうした国際機関への参加に向けた取組は李登輝政権期に始まった。一九九三年四月九日、台湾の李登輝総統は第二期国民大会第三回臨時会議の開会式で「私はここでおごそかに宣言したい、われわれは積極的に国連参加をかち取っていくであろうと。私は、今後三年内に、この問題が国際間で普遍的に重視され、真剣に考慮されるようになることを希望している」と述べた。その後、台湾と国交のある中米地域の七か国が、台湾の国連への参加に関する問題を、国連総会の議題に含めるよう求める書簡を当時のガリ事務総長に提出した。これに対し中国李国連大使は、中米七か国の行動は「中国の主権に対する重大な侵害であり、中国の内政に対する粗暴な干渉であるとともに、国連憲章の趣旨と一九七一年の第二十六回国連総会で採択された2758号決議に対する重大な違反である」と抗議した。また李大使は、「国連は主権国家からなる国際組織である。中国の一省である台湾は、国連に参加する資格を持たない」とも指摘した。これにより国連総会の議事を審議する一般委員会は、中米七か国の提案を議題に含めないよう勧告することを決定するに至った。その後も台湾と国交のある国々による同様の要請は二〇〇六年まで十四年間続けられたが、台湾の国連への参加問題が総会の議題として取り上げられることは一度もなかった。

その後台湾は、路線を変更し、一九九七年には国連そのものへの加盟ではなく、国連の専門機関への加盟に一端切り替えることになる。これは陳水扁政権期においても受け継がれ、具体的には「台湾」という名義でWHOにオブザーバーとしての加盟を目指すことになった。政治性が最も少なく、かつ人道的なものとしてWHOを選んだことは十分理解できる。実際、米国議会や欧州議会、並びに日本政府は、二〇〇一年から二〇〇二年にかけて、台湾のオブザーバー参加に対する支持を表明している。米国議会では二〇〇一年五月二十八日、米国政府にの総会に当たる世界保健総会（WHA World Health Assembly）への台湾のオブザーバー参加を支持するよう求める法律が、ジョージ・W・ブッシュ（George W. Bush）大統領の署名を経て成立し、欧州議会は二〇〇二年三月十四日、同年五月の第五十五回WHAへの台湾のオブザーバー参加を支持する決議を採択した。日本政府は同年五月十四日、福田康夫官房長官が記者会見で「日本としては関係者の満足する形で台湾が何らかの形でオブザーバー参加することが望ましいと考える」との見解を表明した。また、二〇〇三年には、中国で発生した重症急性呼吸器症候群（severe acute respiratory syndrome: SARS）の台湾での感染拡大を受けて、WHAへの台湾のオブザーバー参加問題への注目が高まった。しかしながら陳水扁政権期における「台湾」名義でのWHOへの加盟に向けた取組が実現することはなかった。

二〇〇八年五月二十日、馬英九総統は就任演説で中国に対し、「両岸は台湾海峡或いは国際社会において、ともに和解休戦しなければならず、また国際機関と関連の活動の中で互いに協力し合い、互いを尊重し合うよう呼びかけます」と述べた。馬政権は、陳政権で停止した中台間の対話の再開を目指すなど中国に対して融和的な政策を取り、国連への加盟についても方針の転換を行った中国に対して融和的な政策を取った。これに対して中国側も理解を示し、台湾の国際機関の活動への参加について『二つの中国』、『一つの中国、一つの台湾』を作り出さないとの前提の下、両岸の実務協議を通して情理を兼ね備えた措置を取ることができる」旨を表明した。その結果、二〇〇九年四月二十八日、

ＷＨＯのチャン事務局長から台湾の葉金川衛生署長宛てに、同年五月十八日から二十七日にかけて開かれる第六十二回ＷＨＡに「中華台北」をオブザーバーとして招請する書簡が送付された。その後も台湾は、二〇一六年まで八年連続でオブザーバーとしてＷＨＡに参加した。このほか馬政権期には、三年に一度開かれる国際民間航空機関（International Civil Aviation Organization: ICAO）の総会への参加も実現し、二〇一三年九月二十四日から十月四日にかけて開かれた第三十八回ＩＣＡＯ総会に、「中華台北」名義の代表団がＩＣＡＯ理事会議長のゲストとして出席した。

現在の蔡英文政権は「92年コンセンサス」を受け入れない姿勢を取っていることから、中台間の政府間対話が停止され、国連機関への参加ができない状態が続いている。しかしながら、二〇二〇年に世界中に広がった新型コロナウイルス感染症への対応を契機に、台湾の国連機関及びその他の国際機関への参加に対する支持は国際的な高まりを見せており、今後もその動向が注目される。

ＷＴＯと台湾

国際機構への台湾の加盟が困難を極めることはすでに述べたとおりである。しかし、ここで注目すべきは、国連の関連機関である世界貿易機関（World Trade Organization: WTO）には、二〇〇一年十二月に加盟した中国に続いて、二〇〇二年一月に台湾が、実質的統治地域である「台湾・澎湖・金門・馬祖独立関税地域」（Separate Customs Territory of Taiwan, Penghu, Kinmen and Matsu）として加盟したことである。これまで、国連、ＷＨＯ、ＩＣＡＯ等の加盟を目指したがそれには至らなかったことから考えると、ＷＴＯへの加盟は驚くべきことであるのだろうか。

ＷＴＯについてすこしだけふれてみたい。ＷＴＯとは、貿易の拡大を通じた世界経済の発展を目指して、一九九五年に設立された国際機構である。このＷＴＯを創設したのが、世界貿易機関を設立するマラケシュ協定（ＷＴＯ協定）である。国際機構とは、「複数の国家により、共通の公共目的を実現するために、条約にも続いて設立された、固有の主体性をもつ、常設的な組織体」という定義に合致する。そしてマラケシュ協定がＷＴＯの設立基本条約ということになる。戦後の国際貿易は、一九四七年作成された、関税及び貿易に関する一般協定（ＧＡＴＴ、これは条約であり、国際機構ではない）により規律され、ＧＡＴＴの下で行われた七度の貿易交渉によって貿易の拡大が図られてきたが、一九八六年に行われた第八回貿易交渉（ウルグアイ・ラウンド）の結果、ＧＡＴＴのルールを強化・拡大し、その上でそれあのルールの実施に当たる国際機構を創設するＷＴＯ協定が締結された。

ＷＴＯ協定は複雑であるが、その中心をなすのが、①物品の貿易に関する多角的協定と②サービスの貿易に関する一般協定（ＧＡＴＳ）である。①には、従来のＧＡＴＴのルールを強化し、拡大することを目的とした13の補助協定が含まれている。②は、ＷＴＯ協定において新たに導入されたものである。各国におけるサービス産業の比重の拡大を受けて、その貿易の拡大を目的としたルールが作成されるようになった。これらの他にＷＴＯ協定のもう一つの大きな特徴は、ＷＴＯ協定上のルールについて加盟国間で紛争が生じた場合、そうした紛争を解決するための強力な手続きが備えられているという点である。実はＧＡＴＴにも紛争解決手続は存在していたが、それを継承しつつもより一層強力なものにしている。具体的には二審制の導入と事実上の強制的管轄権の設定である。要するに、ＷＴＯ加盟国はＷＴＯ協定上の紛争はその協定に従って解決しなければならないということである。ここが、国際紛争解決の基本であるいわゆる「合意管轄」と決定的に違うところである。

さて、このような特徴をもつＷＴＯに台湾はどのようにして加盟したのかを見てみたい。

台湾のＷＴＯへの加盟の根拠はどこにあるのか

ＷＴＯ協定12条1項によれば、「すべての国又は対外通商関係その他この協定及び多角的貿易協定に規定する事項の処理について完全なる自治権を有する独立の関税地域は、自己と世界貿易機関との間において合意した条件によりこの協定に加入することができる」と規定している。ＧＡＴＴの中にも同様の規定が見受けられる。たとえばＧＡＴＴ24条1項（一九四七年）では、ＧＡＴＴが「締約国の本土関税地域及び第26条の規定に基いてこの協定が受諾され……ている他の関税地域に適用」され、かつこれらの関税地域が、「この協定の適用地域に関する場合に限り、それぞれ一締約国として取り扱うものとする」と定める。そして、同2項において関税地域を「当該地域とその他の地域との間の貿易の実質的な部分に対して独立の関税その他の通商規則を維持している地域」と定義しているのである。その上で、26条5号ｃでは「関税地域で締約国がそれについてこの協定を受諾しているものは、その対外通商関係及びこの協定で定める他の事項の処理について完全な自治権を保持しているか又は取得したときは、責任を有する締約国の当該事実を確証する宣言による提唱に基いて締約国とみなされる」ことになる。

これにより、台湾は独立関税地域としてＷＴＯに加盟することになった。その名称は「台湾・澎湖・金門・馬祖独立関税地域」（日本の外務省は「台湾、澎湖諸島、金門、及び馬祖から成る独立関税地域」と呼ぶ）となる。一九九〇年に同名でＧＡＴＴに加盟申請し、一九九二年にオブザーバーとしての資格をえて、二〇〇二年の加盟に至った。

加盟後の台湾の対応と国際機構への正式加盟に向けての今後の課題

二〇〇八年の十一月九日にＷＴＯ政府調達委員会において、台湾の政府調達協定加盟が全会一致で可決された。翌年六月八日加盟書に署名、七月十五日より台湾はＷＴＯ政府調達協定（GPA, the Agreement on Government Procurement）の四十一番目の締約国・地域になった。ＧＰＡによって、台湾政府は入札を希望する外国人、外国企業に対して、台湾における入札希望者と区別（差別）することなく、内国民待遇を与えることになる（ＧＰＡ協定3条）。これにより、調達金額の増加が予想される。また、政府調達協定に関わる紛争に関しては、国内における紛争解決の申し立ての他に、ＷＴＯの紛争解決機関を通して、締約国間で解決のための手続きをとることができるようになっている（協定22

条）。

もう一つ注目されるのは、台湾は二〇一八年からは、途上国への優遇措置を放棄し、先進国としてＷＴＯに参加していることである。途上国は、自己申告制に基づいて、より有利な市場アクセスやより長い義務履行期間をはじめとする、特別かつ異なる待遇（Special & Differential Treatment: S&D）を享受している。それらは、⑴開発途上国の貿易機会を増やすための条項、⑵ＷＴＯメンバーに対して開発途上国の利益を保護するよう求める条項、⑶開発途上国が経済政策あるいは商業政策手段を利用する際の柔軟性を認める条項、⑷協定実施のための移行期間を通常よりも長く認める条項、⑸開発途上国がＷＴＯ協定の義務を果たしたり、紛争解決手続きを遂行したりするために必要な人的・物的基盤を整備するのを支援する条項、⑹ＬＤＣ（Least Developed Countries、後発開発途上国）に関する条項である。具体例としてはそれぞれ、⑴特恵的市場アクセス、⑵ＡＤ（アンチダンピング）協定第15条の途上国の特別な事情の考慮義務及びＳＧ協定（セーフガードに関する協定）第９条のデミニマス基準の途上国例外、⑶ＧＡＴＴ第18条の国民の一般的生活水準の引き上げのための関税上の国内産業保護措置や数量制限等、⑷ＳＣＭ協定（補助金及び相殺措置に関する協定）27・３条の国内産品優先補助金の撤廃について認められるより長い猶予期間（協定発効後又は加盟後から先進国三年、途上国五年、ＬＤＣ八年）、⑸協定実施のための技術支援やキャパシティビルディング、⑹ＴＲＩＰＳ協定（知的所有権の貿易関連の側面に関する協定）66・２条の先進国のＬＤＣに対する技術移転のインセンティブ供与義務、が挙げられる。

台湾はこれらを放棄することによって、中国との違いを明確にし、欧米諸国への協調性をアピールすることによって、ＷＴＯにおける存在感を高めようとしているのである。

また、二〇二二年に、リトアニアが国内に台湾の代表機関を設置したことで、中国がリトアニアに差別的な貿易措置を取ったことは記憶に新しい。この行為に対して米・豪・ＥＵがＷＴＯに提訴した。台湾はこの協議に参加するとともに、官民一体となって、中国からの経済制裁を受けて輸出できなくなったリトアニアの商品を、迅速に台湾を含む新たな市場で受け入れられるよう努力を惜しまなかった。

しかしながら、今後の課題として普遍的国際機構への加盟の問題である。台湾は、国連に関して、あるいは国連の専門機関に関して、加盟あるいはオブザーバー加盟を模索し、ＥＵ諸国など多くの加盟国から歓迎されている。今年（二〇二三年九月）台湾外交部はメディアに対して、国連参加を推進する取り組みの中で、台湾外交部の田中光政務次官は、国連システムは長期にわたり中国の圧力に屈服し、2758決議について誤った解釈を続けているとし、このことが台湾が国連システムから不当に除外されている主な原因となっていると指摘した。その上で国連に向けて四つの要求（訴求）を行った。それらは、①二七五八決議が誤って解釈されたことで、二千三百万人の台湾の人々が国連システムから不当に排除されている状況に対して、国連として改善すること。②台湾の人々やメディアが国連を訪問したり、会議に出席したり、取材をしたりする権利を国連が奪っていることを正すこと。③国連は台湾海峡や近隣諸国の平和と安定、安全を積極的に守ること。④国連は台湾が関連会議の仕組みや活動に有意義に参加し、国連の持続可能な開発目標（ＳＤＧｓ）の実現に向けて貢献できるよう受け入れること、であった。これに対して中国外交部の毛寧報道官は、台湾は国連やその他主権国家のみが参加できる国際機関に参加するいかなる根拠も理由も権限もないと指摘し、さらに、民進党当局は、台湾が中国の一部であるという事実と法理を無視し、国連総会第２７５８決議を様々な方法で歪曲し続け、国際社会の「一つの中国」原則に公然と挑戦し、いわゆる「台湾独立」を図ろうとうそを仕立てることは、非常に危険な「独立を企てる」挑発行為である、とした。中国はこの問題に関しては一歩も譲る気配はない。これは中国にとってまさに核心部分なのである。

台湾は二〇二二年の一人当たりのＧＤＰは三万三千ドルに達している。ＷＴＯへの期待とその存在感が高まっているのは想像に難くない。二〇二四年一月に行われる総統選挙が、国連やＷＴＯをはじめとする国際機構における台湾の地位にどのような影響を及ぼすのか興味深い。

追記　本章は、筆者の他、平成国際大学法学部の浅野和生教授、阿久津博康教授、漆畑春彦教授の四人からなる「日本初の『自由で開かれたインド太平洋』戦略と台湾」をテーマとする共同研究の成果であり、共同研究に対する平成国際大学の研究助成を得て執筆したものである。

参考文献

渡辺茂己・望月康恵編著『国際機構論』（国際書院　二〇一五年）

杉原高嶺著『基本国際法』（有斐閣　二〇一八年）
山本彩佳著「台湾の国連参加に向けた取組」（『調査と情報』No.1164 2021.12.7）
台北駐日経済文化代表処「台湾ニュース」https://www.roctaiwan.org/jp_ja/index.html
「フォーカス台湾」https://japan.focustaiwan.tw/politics/202308290003
「新華社」二〇二三・九・16

第五章　続・日台における自治体の姉妹友好都市交流

東洋大学アジア文化研究所客員研究員　山形勝義

はじめに

現在、日本と台湾には、正式な外交関係はない。しかしながら、現在、日本と台湾の自治体間において、友好交流、姉妹都市交流、パートナー都市、観光教育交流覚書を結ぶ事例はたくさん存在する。ときに、日中共同宣言を楯に姉妹都市提携の凍結や妨害を受けることがあっても、一度結ばれた交流の絆が途切れることはなく、日台の姉妹都市間の友好関係はむしろ深まるばかりである。

近年は、謝長廷大使・台北駐日経済文化代表処代表が日台間の自治体へ交流促進を積極的に推進したこともあり、日台の自治体における友好都市の締結は増加している。

この章では、二〇一九年十一月以降における、日台間の自治体の姉妹友好都市を可能な限り網羅して、その実情をレポートしたものである。また、二〇一九年十月以前については、『「国交」を超える絆の構築』第三章の「日台における自治体の姉妹友好都市交流」（『展転社、二〇二二年十二月）を参照されたい。一覧をご覧いただくことで、さらに多くの日本の市町村において台湾の市町村との交流促進を検討していただく一助となれば幸いである。

なお、以下は、時系列順になるよう、各地域における姉妹都市締結と交流の状況を整理して掲載している。なお、前回網羅できなかった自治体も追記している。

自治体106　宮崎県西都市＝宜蘭県羅東鎮　二〇一八年七月三十日

羅東鎮は、宜蘭県中部に位置し、台湾内で最も面積の小さい郷鎮として知られている。二〇一八年七月三十日、宮崎県西都市と宜蘭県羅東鎮が「姉妹都市盟約」を締結している。この締結は、「双方は対等な関係のもと、文化・芸術・教育・スポーツ・観光・農業・商業等の分野において積極的な展開を図るため共に努力し、双方の繁栄・発展及び住民福祉の増進に努める」というものである。

締結までの経緯についてであるが、西都市は、グリーンツーリズムを生かした教育旅行生誘致活動やスポーツキャンプ等誘致活動など、段階を踏みながら、台湾からの誘客活動に力を入れ交流を進めた。

二〇一六年三月十日、西都市長が羅東鎮公所を表敬訪問した際、羅東鎮より姉妹都市盟約について正式な提案があった。当時は市民レベルでの交流が不十分であったため、まず流れは二〇一六年十一月四日に、幅広い分野での交流が図れるよう努めるとした「友好親善宣言」を締結している。続いて二〇一七年七月三十一日に「相互交流都市提携に関する協定」を締結した。そして今後も文化・芸術・教育・スポーツ・観光・農業・商業等の幅広い分野において積極的な交流を図り、国際交流関係を発展させるため、二〇一八年七月三十日に「姉妹都市盟約」を締結している。

この締結には、羅東鎮出身の黒木萌々華さんの尽力がおおきなきっかけにもなった。黒木さんは、台湾有数の商業都市である羅東鎮で生まれ、高校卒業後の一九九一年に留学のため日本に来日した。語学学校を経て東京の音大へ進み、友人の紹介で宮崎県西都市出身の夫と出会った。卒業後、東京で通訳として働いていたが、結婚後の一九九八年年に西都市へ移り住んだ。生まれ故郷と第二の故郷の懸け橋となればと、羅東鎮の役所に交渉力を発揮したようである。西都市に教育交流の視察に訪れた際に、台湾の学校関係者に「西都に来てください」と直談判して回った。この功績もあって。二〇一八年、黒木萌々華さんは国際交流部門の宮崎日日新聞賞を受賞している。

自治体107　岩手県盛岡市＝花蓮縣花蓮市　二〇一九年十一月二十四日

岩手県盛岡市と台湾東部花蓮縣花蓮市の友好都市としての提携のきっかけは、二〇〇二年に、花蓮市へ盛岡山車派遣パレード参加を発端に継続した友好交流が経緯である。また、岩手県と台湾の関係が深く。台湾の民政長官をつとめた後藤新平や新渡戸稲造、勅任官の台湾事務局委員を外務次官時代につとめた後に首相となる原敬、台北帝国大学総長をつとめた三田定則などを輩出している。二〇〇七年六月には、李登輝元総統が来日した際に、岩手県の中尊寺や後藤新平記念館、先人記念館などを訪問しているが、記念館では、盛岡さんさ踊りで出迎えられ、谷藤裕明盛岡市長がご案内している。

このような経緯もあって、岩手県盛岡市と花蓮縣花蓮市は、「友好都市協定」を締結した。締結の内容は、観光、産業、文化などの幅広い分野における交流が促進されることにより、住民相互の理解と友情が一層深められ、永続的な友好が図られることを確信して、友好都市として提携した。

二〇一九年十一月二十四日、調印式は、花蓮市内の美侖大飯店において開催された。盛岡市の谷藤裕明市長と花蓮市の魏嘉賢市長が、百人を超える関係者などの前で、「友好都市協定」の盟約書を交わした。そこで観光や産業、文化などの分野での交流や、双方の友好交流が深まることを期待した。調印式には、花蓮縣の徐榛蔚縣長が立ち会った。

そこで、谷藤市長は、二〇一一年の東日本大震災の際、台湾から寄せられた支援に感謝した。これまでの交流が互いの信頼と友情を深めたとの考えを示し、これからの幅広い分野における友好交流を期待した。

自治体108　宮城県栗原市＝南投市　二〇二〇年十一月二十三日

宮城県栗原市と南投市の「姉妹都市」の提携のきっかけは、「震災」でもあり、栗原市が二〇一二年に南投市に交流の呼び掛けで始まった。宮城県栗原市は、岩手・宮城内陸地震の最大被災地であり、また南投市は、一九九九年の台湾大地震で被害を受けた地域でもある。共に震災の教訓を生かしたまちづくりに取り組み育んだ交流を続けてきた。栗原市は南投市に職員を派遣するなど防災を軸に、友好関係を構築していた。その流れは、二〇一六年三月十四日に「国際友好交流協定」を締結するまでに至っている。その後、自治体間交流やスポーツ交流などを通して友好関係を深め、二〇一八年からは双方の特産品などを紹介する農業・製造・商業・観光の各分野の代表者を交えての産業交流が始まった。そして、このような交流の積み重ねが「姉妹都市」の提携に結びついたのである。二〇一九年十月に、栗原市志波姫中の卓球部が南投国民中を訪れスポーツ交流を行っている。また、十一月には、南投市の宗市長ら訪問団が栗原市を訪れ、薬師まつりのパレードに参加して親交を深めた。

二〇二〇年十一月二十三日は、栗原市合併十五年記念式典が行われた日で、この日に合わせ、武漢肺炎いわゆる新型コロナウイルス感染症が蔓延する中、オンラインで調印式を開催した。よって、宮城県栗原市と台湾の南投県南投市は「姉妹都市」を締結した。

調印式典では、宮城県栗原市の千葉健司市長と南投市の宗懐琳市長があらかじめ送付した「姉妹都市協定書」に署名をした。双方は観光、産業、教育、文化など異なる分野での交流を通じて相互理解と協力の促進に全力を尽くし、双方の繁栄と発展を幅広い分野での交流を計画すると確認した。南投市側の会場では、外交部中部弁事処の翁瑛敏処長や南投県の黄世賢秘書らが調印に立ち会った。栗原市側は、市議会の佐藤久義議長らが調印式に立ち会った。

宮城県栗原市の千葉健司市長は、武漢肺炎が蔓延する中、オンラインで、台湾は日本の真の友人だと挨拶し、登米市や一関市、(岩手県)平泉町と連携してインバウンド拡大にもつなげたい。新型コロナが落ち着いたら、すぐに対応できるよう準備を進めると意気込みを見せた。

自治体109　富山県氷見市＝高雄市鼓山区　二〇二〇年十二月五日

氷見市と高雄市鼓山区の友好交流都市協定の提携でのきっかけは、氷見市出身の浅野セメント創業者で高雄港の礎を築いた浅野総一郎である。氷見市出身の実業家で日本統治時期に、打狗港(現高雄港)や鉄道の建設、セメント会社の設立に尽力し、高雄の近代化に重要な役割を果たした人物である。浅野は、高雄初となる埋め立て地計画も提案し、同計画に沿って近代的に整備された市街地には水道水や電気、電話などが引かれ、「哈瑪星」(ハマセン)と呼ばれ繁華街となっている。

氷見市と高雄市は二〇一八年から交流しており、高雄市は、氷見市の関係者、浅野総一郎翁資料展示館「帰望郷館」などを高雄港築港・高雄駅建設百十周年記念の国際シンポジウムに招待している。これを機に交流が始まり、二〇一九年十月には、林正之氷見市長が高雄市政府を訪問した。この訪問の際、林市長は友好都市締結を提案している。市長は、氷見市に見合った区を締結先として探していて、鼓山区には浅野が開発に関わった市街地の哈瑪星地区や高雄港、セメント工場跡、採石場跡などがあるため相互の発展に友好な関係が築けると考えたのである。

二〇二〇年十二月五日、浅野総一郎が百年以上前につないだ縁によって、富山県氷見市と高雄市鼓山区がオンライン方式で「友好交流都市協定」を締結した。この締結により、これから、文化や観光に限らず、経済や民間交流など幅広い分野にわたり相互に協力し合うことを確認した。

調印式では、高雄市長の陳其邁や日本の対台湾窓口機関、日本台湾交流協会高雄事務所の加藤英次所長、「全国浅野総一郎友の会」の山崎健代表世話人らの立ち合いの下、氷見市長の林正之と鼓山区長の林福成が友好交流都市協定書に署名している。

自治体110　京都市と台南市　二〇二一年六月三十日

京都市と台南市の交流のきっかけは、二〇一二年に台南市が京都市の会長都市を務める「世界歴史都市連盟」に加盟したことが友好都市への大きな始まりとなった。世界歴史都市連盟は、歴史都市の交流を目的とした世界的な自治体組織で京都市長が会長を務めている。現在の二〇二三年では、六十六の国と地域に百二十八の加盟都市がある。日本都市の加盟は、鎌倉市、金沢市、京都市、奈良市、姫路市、松江市、益田市の七都市で、京都市が会長都市、金沢市が監事都市となっている。台南市は二〇一二年に参加している。

この流れもあって、二〇一八年六月一八日に、京都市会と台南市議会が日台議会提携として「友好交流協定」を締結している。この交流から両市間へと拡大することを視野に入れた交流が進められていった。

二〇二一年六月三十日、京都市と「台湾の京都」と言われる台南市が「交流推進協定」を締結した。調印式はオンラインで実施され、京都市の門川大作市長と台南市の黄偉哲市長が交流推進協定書に調印した。この調印式には、京都側は京都市会の田中明秀・議長、吉田孝雄・副議長、寺田一博・前議長、一方の台南側は李退之・台南市台日文化友好基金会董事長や、郭貞慧・台南市観光旅遊局長（前台南市台日友好交流協会理事長）も立ち会った。また、台北駐日経済文化代表処の謝長廷代表や日本台湾交流協会高雄事務所の加藤英次所長もオンラインで立会った。

台南市の黄偉哲市長は、「今日は歴史的な1日」と喜び語り、台湾と日本を代表する歴史都市同士で、「世界歴史都市連盟」のメンバーでもある双方の結び付きがより深まり、台南を訪れる日本人観光客の増加と友好関係が深まることを希望した。

自治体111　京都市＝高雄市　二〇二一年九月十日

京都市と台湾の高雄市が都市間提携するきっかけとなったのは、高雄市の地名と京都市右京区梅ヶ畑高雄町の「高雄」の共通点から、二〇一五年から京都市右京区は高雄市と相互訪問等による交流を進めていた。二〇一八年十二月には、京都市は、重要文化財でもある世界遺産、二条城の二之丸御殿台所と御清所において、日本と台湾の現代作家による展覧会「日本と台湾の美術交流－現在展」を主催するなど、台湾との交流を深めていた。また、二〇二〇年二月開催の台湾高雄市主催による「高雄国際マラソン大会」（三万人規模）では、高雄市側からの呼びかけで京都市右京区に在住または通勤・通学している十名を招待している。

高雄市は台湾南部の港湾都市で元々は「打狗」という地名だったが、日本統治時代の一九二〇年に発音が似た『高雄』に改称したとされる。二〇二〇年は、百年目の節目になることから台湾高雄市から京都市に協定の提案があった。

その流れから、二〇二一年九月十日、京都市と台湾高雄市が都市間提携として「高雄協定」を締結した。

この協定は、産業や観光、文化、スポーツなどの分野で交流を促進し、台日の友好関係深化を図るものである。調印式は、コロナウイルス蔓延のため、リモート形式で開催された。高雄市長の陳其邁と京都市長の門川大作がリモート形式で高雄協定書に調印した。台北駐日経済文化代表処の謝長廷代表や日本台湾交流協会の加藤英次高雄事務所長らが立ち会っている。台湾の高雄市側の調印式となった会場は、日本統治時代の高雄市役所を前身とする高雄市立歴史博物館で開かれた。この協定締結があった日から、高雄市立歴史博物館では、一九三〇年代の日本と台湾間の旅の風景を紹介する特別展を十一月七日まで開催した。

高雄市長の陳其邁は、双方の縁は約百年前にさかのぼると言及し、一九二〇年の地名の改称時、「高雄」の名称が京都市右京区の「高雄山」から取られたことに触れ、双方の歴史において深い絆が結ばれたと述べた、これからの交流に期待を示した。

京都市長の門川大作は、この協定書締結によって両市の相互理解や発展が増進されることに期待を寄せた。そして、伝統芸能や文化、芸術、旅行、産業、教育などの幅広い分野での交流を推進していく考えを示した。

協定は、「高雄」の地名から都市間提携に至ったわけですが二〇〇六年十一月一日に、高雄の発音が八王子市にある著名な「たかおさん」とよく似ていることがきっかけで、東京都八王子市と高雄市は「友好交流に関する協議書」に調印して都市間提携を結んでいる。

自治体112　静岡市＝台北市　二〇二一年十一月二十四日

二〇二一年十一月二十四日、静岡県静岡市と台湾の台北市は、マラソンを通したスポーツ交流に関する覚書を締結した。

静岡市は二〇一四年の「台北マラソン」参加をきっかけに、両市はその年の十二月に「静岡マラソン、台北マラソン友好交流に関する覚書締結」し、それ以降、毎年「台北マラソン」と「静岡マラソン」に訪問団を相互派遣するなど交流を重ねてきた。マラソン以外にも、二〇一五年十一月には台湾バドミントン強化合宿地、二〇一七年には台湾陸上代表の合宿地となるなどスポーツ交流を重ねてきた。静岡市は東京オリンピック・パラリンピックにおける台湾のホストタウンでもあった。

二〇二一年六月二十三日に謝長廷・台北駐日経済文化代表処代表が張淑玲・台北駐日経済文化代表処横浜分処処長を伴って田辺市長を訪問したこともあり、静岡市として初めての台湾との都市間提携となる台北市との「スポーツ交流に関する覚書」につながった。

調印式はオンラインで開催され、静岡市長の田辺信宏と台北市副市長の蔡炳坤が臨み、静岡市は副市長の大長義之や静岡市議会議長の鈴木和彦、観光交流文化局局長など、台北市は李再立・体育局長、陳重文・市議会議員、周台竹・市長室渉外事務執行長、張少寧・市政府顧問などが同席し、台湾交流協会台北事務所広報文化部主任と静岡県台湾事務所長が立ち合った。

新型コロナウイルスの影響で実質的な交流ができない状況が続く中、両市は新たに覚書を締結することで、今後はマラソンだけにとどまらず、バスケットボールなどの交流も積極的に進め、選手やコーチの交流を通して両市の選手のスキルアップや指導者の資質向上を図り親睦を深めることにしている。

自治体113　鳥取県若桜町＝新竹県横山郷　二〇二一年十二月二十一日

二〇二一年十二月二十一日、鳥取県若桜町と台湾の新竹県横山郷は、友好交流協定を締結した。締結のきっかけは、一昨年前の二〇二〇年一月十六日、鳥取県八頭町から若桜町を結ぶ若桜鉄道の若桜駅と、新竹県内を走る台湾鉄路管理局の内湾線の内湾駅が「姉妹駅協定」を締結したこともあって、その後も友好交流を深めたところになる。若桜町長と内湾駅の所在地である横山郷（張志弘郷長）と交流を契機に、二〇二一年十二月二十一日に「友好交流協定」を締結するに至った。今回は、つまり「姉妹駅協定」など鉄道提携から「友好交流協定」の都市間提携に発展したのであった。

また、この締結には、鳥取県と台湾との間、チャーターの定期便を飛ばし、観光客を増やしたい日本側の切実な事情もあった。日本国内では、台湾との定期便化は自治体の思惑でもある観光客の誘致の悲願でもあり、宮城県、静岡県、愛媛県、熊本県、秋田県、岩手県などもこれまで台湾の自治体と都市間提携を結ぶことで定期便化を実現している。鳥取県も同じで、よって二〇一八年十一月には台中市と「友好交流協定」を締結している。

鳥取県は、台湾を結ぶチャーター便について調査したところ、二〇一八年九月から十二月にかけ、三つの航空会社が三十七往復運航し、平均搭乗率が約八十八％と高かかった事もあり、県は将来の定期便化実現を目指した。この流れもあって、若桜町はチャーター便の利用者を呼び込もうと、まずは、さきがけの「姉妹駅協定」の締結をしたのである。理由は、若桜駅と内湾駅はともに山あいの終着駅であること、転車台があること、観光に力を入れており町並みがノスタルジックであることなど多数の共通点があることであった。

そして、観光交流をさらに深めていくためには、都市間提携を結ぶのが最善の方法の「友好交流協定」であり、そこで若桜町は内湾駅のある横山郷が「大自然や田園風景、歴史的な町並、文化遺産など共通しており、それらを礎として相互理解と友情を深め、両地域の友好関係を発展」させられると考え積極的に交流を推進させた。

二〇二一年十二月二十一日、調印式は、リモートで開催され、鳥取県若桜町役場には、矢部康樹・若桜町町長、盛田聖一副町長、川上守・若桜町議会議長、山根勝・若桜町商工会会長、西本誠・若桜町観光協会副会長、鈴木俊一・鳥取県観光交流局局長が出席した。また、若桜町役場に向明徳・駐大阪弁事処処長、李碧娟課長も出席している。横山郷の会場には、張志弘郷長と幹部、古銂明・横山郷郷民代表会主席、まちづくり協会幹部、横山郷十一名の村長及び張良印・新竹県議会議員らが出席した。協定には、鳥取県若桜町長の矢部康樹と新竹県横山郷長の張志弘が友好交流協定書に調印した。双方で総勢約七十名が出席して見守った。新竹県横山郷長の張志弘は、「協定を通じて交流を活発化し、コロナ後には直接訪問することで友情を深めたい」述べて、両地の観光効果を具体的に向上できると期待を寄せた。

矢部康樹若桜町町長は、「今後は行政を始めとした、経済・産業、観光、文化芸術・スポーツ、青少年・学校・教育、議会など、幅広い分野と人による多様な交流と連携を通じて、両地域のさらなる繁栄と発展の推進に努めたい」と台湾との交流に意気込みを示した。

自治体114　銚子市＝桃園市　二〇二二年七月十一日

千葉県銚子市と桃園市の都市間提携のきっかけは、銚子市の犬吠埼灯台と桃園市にある日本統治時代に建設された白沙岬灯台という、双方にある灯台が縁であった。両自治体の灯台交流のはじまりは、二〇一八年の春、千葉県庁の国際交流を担当する部署から銚子市に「台湾の桃園市が灯台を通じて日本の自治体と交流を深めたいとの打診があり銚子市が最適」との依頼が入った。これを受けて、白沙岬燈塔（灯台）と犬吠埼灯台の姉妹関係の構築をめざして動き出しましたが、両灯台が国の管理のため交流活動の実施に制約があることから、桃園市と銚子市の都市間交流に切り替えて友好関係を築けるようにと進展していったのである。その後、二〇一九年一月には、銚子市の越川市長が桃園市を訪問し、同年八月には桃園市の鄭市長が銚子市を訪問した。さらに、同年十月に銚子市で開催した灯台ワールドサミットにおいて桃園市関係者が講演を行った。そして、二〇二〇年二月には、銚子市民十人が白沙岬燈塔を訪れ、観音区長の歓迎を受けるなど交流を重ね親睦を深めた。

つまり灯台同士の姉妹提携を目指していた動きの中から都市間交流が芽生え、銚子市と桃園市は「友好交流協定」を締結するに至ったのである。

二〇二二年七月十一日、調印式は、オンラインで行われ、両市の関係者が列席のもと、銚子市の越川信一市長と桃園市の鄭文燦市長がモニター通じて、協定書に調印した。調印式には、李世丙・台北駐日経済文化代表処副代表が立会い、調印式後、モニターを通じ、謝長廷・台北駐日経済文化代表処代表が祝辞を述べられた。

当初は、二〇二〇年四月に、越川市長が桃園市を訪問し友好交流協定の締結式を行う予定であったが、新型コロナウイルスの感染拡大のため渡航できず延期となっていた。のちに、桃園市からのオンライン形式による協定締結式の提案によって、二〇二二年七月十一日に締結式を実施することになった。

友好交流協定の締結式による友好の証として、銚子からは大漁旗を、そして桃園市からは白沙岬燈塔の模型をそれぞれ贈り合い、双方のいっそうの友好交流を約束した。

自治体115　北海道白老町＝花蓮県秀林郷　二〇二二年八月三日

秀林郷は、花蓮県北部に位置し、台湾で最大の面積を有す郷鎮の地域である。人口は、白老町とほぼ同じの約一万五千人で、先住民のタロコ族が九割を占める。

締結のきっかけは、白老町にはアイヌ文化復興拠点の民族共生象徴空間があり、花蓮県秀林郷の住民の九割が原住民のタロコ族が暮らすことから、台北駐日経済文化代表処札幌分処が協定締結を白老町に提案することで実現した。

これまで交流では、十年以上前に、白老町は町内にある国立アイヌ民族博物館が台湾原住民委員会の要請を受けて訪台してタロコ族との交流を深めた。二〇一四年には白老日台親善協会が発足し、台湾親善旅行を実施している。十五年には台湾でアイヌミュージアムフェアin台湾が開催されたほか、アイヌ民族博物館と台湾国立博物館「台湾行政院原住民文化園区」が博物館協定を締結している。

二〇二二年八月三日、北海道白老町と花蓮県秀林郷が「友好交流推進協定」を締結した。

協定は、平等互恵の立場で、多岐にわたる分野で友好関係を構築することが盛り込まれている。「国立の先住民族文化復興拠点がある白老町と交流を深めたい」という秀林郷の提案を、同町が受けて締結に至っている。

調印式は、オンラインにて開催され、白老町の戸田安彦町長と秀林郷の王玫瑰郷長が協定書に署名した。これには、台北駐日経済文化代表処の謝長廷代表などがオンラインでつないで、計二十人ほどが立ち会った。

王郷長は、郷が誇る自然とタロコ族の文化を生かし、両郷町のますますの交流と新たな外交視野を広げていきたいと交流に期待を述べた。

戸田安彦町長は、コロナウイルスの感染状況が落ち着き次第、教育や観光分野で交流したい。子どもたちが異文化に学ぶ意義は大きい期待を示した。

立ち会った謝駐日代表は、二つの先住民族文化復興拠点が手を取り合ったことは、とても意義深い。締結を機に台日の結び付きが強まり、観光、文化、青少年交流が深まっていくことを期待して日台の交流促進を呼びかけた。

自治体116　釧路市＝花蓮市　二〇二二年八月三十一日

二〇二二年八月三十一日、北海道釧路市と台湾東部の花蓮市が「友好交流協定」を締結した。この都市間提携にあたる友好交流協定締結のきっかけは、台北駐日経済文化代表処札幌分処の粘信士・処長が勧めによって決まった。文化・芸術・スポーツ・観光など様々な分野で交流していくこを確認して意気込みを見せた。

流れの経緯としては、台北駐日経済文化代表処札幌分処の粘信士処長は、二〇二二年八月三日に交流協定を締結した北海道白老町と花蓮県秀林郷の「友好交流推進協定」や八月十日に結ばれた北海道浦河町と花蓮県新城郷の「友好交流協定」において仲介をしていることもあって、北海道と台湾における自治体の友好関係を深める促進活動があったことによる。

調印式はリモート形式で開催されて、釧路市の蝦名大也市長と花蓮市の魏嘉賢市長が友好交流協定書に署名した。その際、謝長廷・台北駐日経済文化代表処代表がリモートで立ち会っている。

魏嘉賢花蓮市長は、都市交流が新型コロナウイルスの影響で止まることはないと述べ、協定締結による双方の交流関係深化を願った。

蝦名市長は、花蓮市と釧路市には似ている部分が多く、両市に国際港湾や空港、国家公園などの観光資源がある他、先住民族の文化保護に共に力を入れていることを挙げ、花蓮市と末永い友好関係を築けるよう期待を寄せた。

自治体117　鳥取県米子市・島根県松江市・島根県出雲市・島根県境港市・島根県安来市（中海・宍道湖・大山圏域市長会）＝台北市　二〇二二年十月二十日

二〇二二年十月二十日、台北市内のリージェント台北ホテルで、鳥取県米子市・島根県松江市・島根県出雲市・島根県境港市・島根県安来市の五市連帯で作る市長会「中海・宍道湖・大山圏域市長会」（会長：米子市長・伊木隆司）と台北市の柯文哲市長は、経済連携・観光誘客などの交流促進に関する覚書「交流促進覚書」を締結した。

市長会である「中海・宍道湖・大山圏域市長会」とは、二〇一一年に「構成市の行政上の共通課題等について連絡調整を行い、圏域の総合的・一体的な発展の推進を図る」ことを目的に、「中海市長会」（米子市・境港市・松江市・安来市の四市による）を発展的に改組して五市連帯の「中海・宍道湖・大山圏域市長会」を発足している。

中海・宍道湖・大山圏域市長会と台北市の「交流促進覚書」の締結までのきっかけは、島根県松江市が二〇一四年七月に単独で、台北市と都市間提携を締結していて、市長会に属していたこともあって、台北市を仲介するかたちとなった。松江市は、二〇〇六年に台北市内で実施した牡丹展示会・台北国際花の博覧会に参加したことをきっかけに台北市と交流を始め、「交流促進覚書」を締結している。

つまり、この先行して友好都市を締結していた島根県松江市の仲介によって、二〇一九年から市長会と台北市は、交流促進による相互の発展を目指し交流が始まった。始めは、市長会と台北市は、経済と農業関連の交流促進を協議した。しかし、交流の枠を広げ、①観光誘客・物産促進に向けたプロモーション、②経済・産業分野における連携・協力、③青少年等による文化・芸術・スポーツ等の交流、④そのほか、相互の発展のために必要な事業の実施及び支援を目的に交流促進覚書を締結しようと相互で確認をして、台北市からの了承も得ていた。

当初、二〇一九年四月に、台北市長の柯文哲が日本に来日して締結の予定であった。しかしながら、世界中で蔓延したコロナ禍と台湾総統選挙の影響で延長となり、コロナ禍が落ち着き始めた二〇二二年十月になってやっと締結に至ったのである。

覚書締結式では、覚書の成立を証するため、日本語と中国語の正本一式二部を作成し、市長会五市長と台北市長が①～④の項目について合意して、署名の上、各自それぞれ一通を保有している。

台北市長の柯文哲は、「日本との産業や文化の交流・協力に向けて大きな一歩を踏み出した」と歓迎を示した。市長会会長の米子市の伊木市長からは「これまで以上に台北市と中海・宍道湖・大山圏域との連携が強化され、両地域がより一層の発展を遂げることができるよう期待している」と述べている。また、境港市の伊達市長からは、「経済界と一緒になり交流促進を図るほか、圏域の各団体が行う様々な交流を後押しする」と示した。

自治体118　熊本県南阿蘇村＝屏東県東港鎮　二〇二二年十月二十七日

屏東県東港鎮は、台湾南部、屏東県西部沿岸部に位置し、人口約四万七千人の漁業水産・農業が盛んであり、とくに黒マグロ・桜エビの水揚げで有名な地域である。

二〇二二年十月二十七日、熊本県南阿蘇村と屏東県東港鎮は、友好都市提携として「国際交流の促進に関する覚書（ＭＯＵ）」を締結した。

二十七日、東港鎮役場で行われた締結式に、熊本県南阿蘇村代表団（吉良村長、桐原議長など）は、五名で訪れ、屏東県の呉麗雪副県長が立ち合い、台北駐福岡経済文化弁事処の陳銘俊処長がオンラインで見守った。この覚書では、南阿蘇村と東港鎮が両者の地域振興や人材育成に向け、国際交流の促進に協力して取り組み、観光や教育などにおける相互交流の促進や農産物、海産物等の物流の促進について協力するために交わされた。台湾では二〇二二年十月十三日より、新型コロナウイルス対策として実施していた入国規制を大幅に緩和していた。屏東県（台湾南部）にとっては、規制緩和後最初の対面式での海外都市交流となった。

熊本県南阿蘇村と屏東県東港鎮は、教育旅行を含む学校交流や相互訪問をはじめ、観光や農産品・海産物の物流促進で協力すること、また定期的な相互往来を通して、両都市間の連携を深めたいと調印に至った。

自治体119　大分県玖珠町＝彰化市　二〇二二年十一月二日

彰化市は台湾の中西部にあり、台中線と海岸線が分岐・合流する交通の要衝としても知られている。地域のシンボルは、高さ二一・六メートルの「八掛山大仏」が建っていて、夜はライトアップされている。大仏前の九龍池広場は彰化市を眺める事ができ、周辺は「八掛山大仏風景区」と呼ばれ、自然や景色が楽しめる場所であり、大仏の前には全長千五メートルの「天空歩道」もあり、台湾最長の空中歩道がある。なお、人口は約二十三万人である。

大分県玖珠町と台湾彰化市が「友好交流協定」を締結する経緯となったのは、扇形庫のつながりでもあった。彰化市は台湾で現存する唯一の扇形庫「彰化扇形車庫」を有し、玖珠町には九州で唯一残る扇形機関庫である「旧豊後森機関庫」があって、その相互の共通のご縁があって、二〇一九年十二月六日、旧豊後森機関庫を所有する玖珠町と彰化扇形庫を管理・運営する台湾鉄路管理局は「姉妹友好」を調印した。その式典には、謝長廷駐日代表が調印式に出席し、陳総領事も同行している。

このような交流が前段階にあり、二〇二二年十一月二日、台湾中部・彰化市は、扇形庫のつながりで大分県玖珠町と友好交流協定を結ぶことになった。

調印式は、リモート形式で行われ、彰化市の林世賢市長と玖珠町の宿利政和町長が協定書に調印した。台北駐日経済文化代表処の謝長廷代表、陳銘俊・台北駐福岡弁事処長、大野元秀玖珠町議会議長等も立ち会った。

彰化市長の林世賢は、この友好交流協定締結を通じて、彰化市には、台湾式軽食「小吃」の街としても知られており、名物グルメ№1といえば、「肉圓」があり、台湾人が愛するB級グルメの発祥の地であると紹介をした、また扇形車庫や彰化大仏や寺廟、古跡などの観光名所があるので、宿利町長らへ来訪を呼び掛けた。よって「鉄道文化観光や経済、スポーツ、学校などの分野での交流を拡大させたい」と一層の協力関係構築に意欲を示した。

玖珠町の宿利政和町長は、国際交流を通じ、相互理解と友好を促進するため、文化、観光、経済、スポーツ、教育交流等における相互交流を期待した。

自治体120　熊本県益城町＝台中市大甲区　二〇二三年一月九日

台中市大甲区は、台中市の北西部に位置する。人口は約七万五千人の自治体である。農業が盛んで、米や里芋などが主産業となる。また、大甲区で生産されたい草を使用した帽子「大甲帽子」も有名である。

益城町と大甲区の「友好交流協定」締結にきっかけとなったのは、益城町出身の教育者である志賀哲太郎の存在にある。

台湾大甲区は、「大甲の聖人」として慕われている教育者の故・志賀哲太郎が大甲公立学校（大甲小学校）の代用教諭となり、教育に力を注いだ地域でもある。志賀は、熊本県上益城郡津守村（現在の益城町）に生まれ、日本統治時期（明治三十二年）の三十一歳の時に台湾へ渡り、大甲公立学校（現・大甲小学校）の代用教諭となり大甲に住み続け、二十六年の間、教鞭を取った。志賀哲太郎は、貧しい子どもには学資を援助し、文房具を買い与え、病気の子がいると欠かさず見舞いなどして、大甲の教育と文化に多大な貢献をした。当時の台湾では、教育に対する理解が少なかったため、学校を通わない生徒がいる家庭を粘り強く説得して回ったといわれている。また、志賀の教育姿勢は、生徒に対しても思いやりが深く、日本統治下の台湾において優越的な言動をしがちであった邦人が多かった中で、人々を差別することがなく、一人の人間として対等、平等に接し、親密に交わったと言われている。そのため死後は「大甲の聖人」と呼ばれ、卒業生やその子孫は、墓参りを絶やさず、感謝の気持を持ち続けている。

志賀は、益城町出身だったことから、熊本県の有志が志賀哲太郎生誕百五十年を翌年に控えた二〇一五年九月に「志賀哲太郎顕彰会」（宮本睦士会長）を設立し、台中市大甲区に建立されているお墓の参拝などを通じて大甲区と交流を重ねた。志賀哲太郎顕彰会はその後も、郷土の偉人として志賀哲太郎を顕彰する講演会や研修会などを開催し、この顕彰会の動きに益城町も徐々に協力するようになり、二〇二二年四月には益城町主催による「志賀哲太郎パネル展」が開かれ、謝長廷・台北駐日経済文化代表処代表や陳銘俊・台北駐福岡弁事処長なども訪れ、両都市間の交流が深まっていた。

このような経緯を経て、二〇二三年一月九日、益城町と大甲区の「友好交流協定」の締結に至った。熊本県益城町の西村博則町長と大甲区の顔金源区長は、「友好交流協定書」に調印をしている。

締結式典の会場は、台中市大甲区役所で開催されて、熊本県益城町の西村博則町長、酒井博範・教育長や宮本睦士・志賀鉄太郎顕彰会長などが訪問し、大甲区からは、顔金源区長、台中市議会議員や学校関係者、農業関係者などが参加して、また、台北駐福岡経済文化弁事処の陳銘俊処長がオンラインで立ち会った。

自治体121　鹿児島県南さつま市＝高雄市旗津区　二〇二三年一月三十一日

高雄市旗津区は、旗山の後ろに位置していたことから、古くは旗後と称され、旗津区のあるエリアは旗津半島、旗津島と呼ばれている。高雄港と外洋の間にあり、港は、防波堤のような形状をしている地域である。人口は、約二万六千人である。

旗津区には元台湾人日本兵を弔う「戦争與和平紀念公園」があり、広大な敷地内には「主題館」と呼ばれる展示館がある。また「台湾無名戦士紀念碑」や「台湾歴代戦没将士英霊紀念碑」などが建てられている。鹿児島県南さつま市は東シナ海に面していて、日本三大砂丘と呼ばれる吹上浜があり、毎年、砂のイベント「吹上浜砂の祭典」が開かれている。高雄市旗津区は、台湾海峡に面していて、砂の彫刻の祭典「旗津黒沙玩芸節」を開催している。両自治体は、共に「砂浜」を持つという共通点が友好都市のきっかけとなっている。

二〇二三年一月三十一日、友好交流協議の調印式には、南さつま市からは本坊輝雄市長をはじめ、観光担当職員らが訪台して、南さつま市の本坊市長と羅長安旗津区長が協議書に署名し、台北駐大阪経済文化弁事処福岡分処代表がオンラインで立ち会っている。

羅長安旗津区長は、「友好交流都市の締結は光栄だと話し、観光や文化、教育の分野で協力を拡大するなどの相互訪問促進に期待する」と述べた。

本坊輝雄南さつま市長は、この締結を後押しした駐福岡弁事処に謝意を述べ、「今後双方の観光や文化、学校など各分野での交流がさらに深まっていくこと」に期待を表明した。

自治体122　島根県安来市＝新北市新店区　二〇二三年二月七日

新店区は新北市に位置しており、台北市中心地へ向かう通勤人口を多数抱えるベッドタウンとしての地位を占めている地域である。人口は約三十万人である。

両自治体の交流としては、二〇〇七年から交流が続いており、始めは、当時区長の王美月・新店市長より台北駐大阪経済文化弁事処を介して、安来市との交流の打診を受ける。その後、両首長が島根県安来市（島田市長）と新北市新店区を訪問する形で友好交流に向けた協議を行った。経過最中には、互いの首長が交代する、また新型コロナウイルス感染症拡大により交流に向けた協議を中断することもあったが、オンライン会談を実施することで、締結に漕ぎつけた。

二〇二三年二月七日、島根県安来市と新北市新店区が「友好交流都市覚書」を締結した。

調印式は、新北市新店区で開催され、安来市の田中武夫市長と新店区の陳怡君区長が「友好交流都市覚書」

に調印をした。羅明才・立法委員（中国国民党）と日本台湾交流協会台北事務所職員が立ち会った。両自治体は、産業や観光、教育、スポーツ、芸術文化、人材育成などの分野で交流・協力することで、友好関係の構築に期待を示した。

これまでの経緯について、陳怡君区長は、安来市からの訪問団が二〇一八年（副市長）と二〇一九年（市長）に新店区に訪問し、二〇二二年にはオンライン会談の交流を実施してきたと述べた。また安来市には多くの観光地や芸術文化などがあることに触れ、交流を通じて、新店の遠隔地にある山をどのように観光スポットにできるか考えたいと期待を寄せた。

田中武夫安来市長は、十六年間の努力が実を結んだと喜びを述べた。また、新店区には、ｅスポーツで有名な学校があるとして、幅広い分野で交流したいと期待を示した。

また調印式後には、田中市長が市内に伝わる安来節に合わせてドジョウ掬いを披露するという一幕もあった。

島根県安来市は、「中海・宍道湖・大山圏域市長会」に属していて、二〇二〇年十月二十日に台北市と「交流促進覚書」を締結していて、それに続く二回目の友好交流都市提携であった。

自治体123　北海道厚沢部町＝花蓮県寿豊郷　二〇二三年三月三十一日

寿豊郷は、花蓮県の東部に位置しており、渓流が多く、緑と水辺の風景が美しく、農業と水産養殖が盛んな地域である。人口は、約一万七千人である。

両自治体の友好交流が進んだきっかけは、台北駐日経済文化代表処札幌分処の粘信士処長の仲介によるものである。目的は、観光や農業などの分野で協力関係を構築し、両者間の交流関係を深めることや、領地の地方創生と特産物のマーケティングの促進、青年交流などの相互利益を創出しようとするものであった。また二〇二三年、四期務めた厚沢部町の渋田町長が引退することもあり、花道を飾る日台都市間提携となった

二〇二三年三月三十一日、北海道厚沢部町と花蓮県寿豊郷がオンラインにて「友好交流協定」を締結した。

この調印式には、厚沢部町から渋田正己町長（山村開発センター集会室にて）、花蓮県寿豊郷からは曾淑懿・郷長が臨み、オンラインにて「友好交流協定」に調印をした。協定書は、日本語、中国語の一式二部を作成して望んだ。台北駐日経済文化代表処の謝長廷代表が立ち会った。厚沢部町からも佐々木宏副議長・町議員らが参加した。両自治体は、農業が主産業であるところと歴史的建造物があるなどいくつかの共通点を通して農業、観光、文化などの分野で交流を強化したいと確認をした。

寿豊郷の曾淑懿・郷長は、「友好交流協定を通じて、都市間外交が進んでいくだけでなく、その土地の優れている物を積極的に運用し、双方の交流が深まることを期待する」と述べた。

厚沢部町の渋田正己町長は、「農業や観光、文化などの幅広い分野において交流を深め、相互発展に寄与することをお願いしたい」と期待した。

自治体124　茨城県土浦市＝台南市　二〇二三年四月七日

茨城県土浦市と台南市の友好交流は、自転車を活用した街づくりをしている共通点があった為である。

土浦市は「自転車のまち土浦」としてスローガンを掲げ、つくば霞ヶ浦りんりんロードをはじめとしたサイクリング環境を活用しながら、自転車の街づくりを進めている。

また、台南市は、自転車を活用した町づくりを進めていることもあり、公共自転車Tbikeを気軽に自転車を利用できるシステムを作っている。このような、「自転車」による街づくりという共通点から、文化やスポーツなどで交流を深めようと「友好交流協定」を結ぶ流れとなった。

二〇二三年四月七日、茨城県土浦市と台南市は、「友好交流協定」を締結している。

この締結式は、午後四時からオンラインリモートで行われ、安藤真理子・土浦市長と黄偉哲・台南市長が、友好交流協定書に調印をした。台北駐日経済文化代表処の謝長廷代表や日本の対台湾窓口機関である日本台湾交流協会高雄事務所の古田清史・副所長らも立ち会っている。

台南市の黄偉哲市長は、パイナップルやマンゴー、枝豆、ラン、サバヒーなどの台南の農水産品のアピールをして、今後文化や芸術、スポーツ、観光などの分野で相互交流をしていきたいと意欲を示した。

土浦市の安藤真理子市長は、土浦は、自転車を活用した街つくりをはじめ、レンコンや花火など、台南市とは多くの共通点があるとして、今回の友好交流協定の締結を出発点として、各方面との連携を図りながら、様々な分野での交流の発展に期待を寄せた。

自治体125　鹿児島県曽於市＝屏東県里港郷　二〇二三年五月十六日

鹿児島県曽於市は、自民党政調会長、税制調査会会長、防衛庁長官、通産大臣などを務め、また日華議員懇談会会長を長年務めた故山中貞則衆議院議員の出身地でもある。山中は、台湾の台北第二師範学校を卒業後、里港郷の里港國民小学校で教師として勤めていた経緯がある。山中が小学校の創立百周年の際に寄贈したYAMAHAのピアノはいまもあるようで、曽於市出身の政治家、故山中貞則・元衆議院議員が日本統治時代に里港小学校で教壇に立っていたことを縁に両自治体の交流が生まれている。

鹿児島県曽於市と屏東県里港郷は、二〇二二年、駐福岡弁事処の仲介により、オンラインでの交流会議を開き、二〇二三年一月十日から十三日には、の曽於市五位塚市長や久長登良男議長らが里港郷を訪問して相互の交流協定について事前協議を行った。その際、観光や物産等も含めて交流ができればとの話になり、徐郷長からは、ぜひ曽於市に職員と行きたい、今後友好都市として交流したいとなった。また、里港國民小学校の校長先生からも故山中貞則氏の縁を大事にして子ども達との交流も促進させることができればと、交流の道筋を作ることができた。

その流れもあって、二〇二三年五月十六日、鹿児島県曽於市と台湾南部の屏東県里港郷が「国際交流促進に関する覚書」を締結した。この覚書は、教育分野での交流や学校間の相互訪問を推し進め、将来的には観光や農水産品などの分野にまで交流を拡大していきたいとの期待の表れである。

曽於市は子牛の生産地、里港郷はえびの養殖で知られるなどともに第一次産業が盛んなことから、覚書では産業の交流も相互に協力して深めたいとした。

調印式は、里港郷で開催され、曽於市の五位塚剛市長と里港郷の徐国銘・郷長が臨み、覚書に署名した。立ち合いには、屏東県の黄國榮・副県長、リモートで陳銘俊・台北駐福岡経済文化弁事処長が出席した。徐郷長は、両郷市間の相互訪問を強化し、教育や文化、観光、産業といったさまざまな分野で交流を深めていけるよう意欲を示した。

五位塚市長は屏東と日本があらゆる面で実質的な交流を持てるよう期待を寄せた。また、山中の生き方、あとを継ぐものとして、友好的であることは非常に大事であると述べて、友好交流が発展することを誓っている。

自治体126　北海道余市町＝彰化市　二〇二三年五月十八日

自治体127　北海道余市町＝宜蘭県員山郷　二〇二三年五月十九日

北海道余市町は、ワインやウイスキーの醸造業が盛んな地域である。台湾がウイスキー造りやワイン生産に力を入れていることを知った北海道余市町の斉藤町長は、ワインやウイスキーを軸に台湾との友好関係を深めようと目指すきっかけとなった。

彰化市では、周辺の山沿いにライチなどの商用果樹が多く栽培され、ブドウ作りが盛んでワイナリーも広がっている。また、宜蘭県の員山郷では、台湾亜熱帯地域が生み出したシングルモルトウイスキー「KAVALAN　WHISKY（カバランウィスキー）」の蒸留所があることで知られているからである。ワインやウイスキーを軸に台湾との友好関係を深めようと、余市町との共通点もあって、親睦の発展に期待を示したのがきっかけでもある。とくに農業や観光分野を中心に交流を深めるというものであった。

友好交流に関する覚書を締結させるため、ウイスキー製造で注目される台湾北東部の宜蘭県員山郷と彰化市を訪れた。余市町の斉藤啓輔町長や町内外の経済関係者（旅行会社、海産物販売会社などのトップら）約二十人が、二〇二三年五月十八～二十一日までの滞在となった。

二〇二三年五月十八日、北海道余市町と彰化市の調印式は彰化市公所で行われた。余市町の齊藤啓輔町長と彰化市の林世賢市長が「友好交流に関する覚書」に署名した。

彰化市の林市長は「彰化市の八卦山沿いの山地にはライチや龍眼などの経済果樹が多く植えられており、余市町はリンゴやブドウなどの果樹や果樹園で有名で、両都市は地域文化や地域特性を活かした住みやすい街づくりも得意としており、持続可能な街づくりに取り組んでいる」と、余市町との共通性について述べて、これからの交流に期待した。

二〇二三年五月十九日、「友好交流協定」の調印式は、員山郷公所で行われ、北海道余市町齊藤町長と宜蘭県員山郷の張宣華・郷長が「友好交流協定」に調印をして、余市町は二日間にかけて、立て続けに友好交流協定を結んだ。

員山郷の張郷長は「ウイスキーの産地でもあるため、余市町と友好交流協定を締結する意義は非常に大きく、農業、文化、教育、観光など多様な分野での交流を通じ、友好関係を深めていきたい」と述べ友好交流へ期待を示した。

両都市間協定の調印式には、オンラインで台北駐日経済文化代表処札幌分処の粘信士処長らが立ち会い、員山郷との「友好交流協定」の調印式には、謝長廷・台北駐日経済文化代表処代表もオンラインで立ち会った。北海道余市町の齊藤町長は、両調印式において、ウイスキーやワイン、農水産物の売り込みなどで相互の交流促進に努めることを確認した。また、農業や観光など互いの優れた分野を発展させ、町内経済の活性化につなげる布石としたいと述べて、相互の友好交流を深めていくことに期待を示した。

自治体128　福井県おおい町＝新北市淡水区　二〇二三年七月六日

新北市淡水区は、台北盆地の北西に広がり、美しい大屯山と淡水川に囲まれている地域である。人口は、約十九万人である。

福井県おおい町と新北市淡水区の友好交流のきっかけは、新北市淡水区にある一滴水記念館の存在である。これは、阪神淡路大震災と台湾で発生した9・21大地震の被災地交流を機に、震災後のまちづくりに取り組む、神戸市の市民団体などにより、台湾に日本の古民家を移築しようとする活動があった。その活動の中で、移築が決定した古民家の一軒がおおい町出身の作家、水上勉さんの父、水上覚治さんが棟梁となり建てたものと判明したことで、おおい町と新北市淡水区との関係が生まれたと言われています。この古民家は、「一滴水記念館」として新北市淡水区に建っている。このご縁によって、おおい町からは、町民が「一滴水記念館」を訪問するなど、淡水区からも、巫宗仁区長が「若州一滴文庫」において「友好の桜」を植樹するなど相互の理解と交流を進めた。

その後、二〇二三年七月六日、福井県おおい町と新北市淡水区が「友好交流都市覚書」を締結した。調印式は、淡水公所において行われ、おおい町の中塚寛町長と淡水区の巫宗仁区長が友好交流都市覚書に調印した。式典には、日本台湾交流協会の服部崇・副代表や新北市政府秘書処の銭念群・専門委員などが立ち会った。巫宗仁淡水区長は、記念館が淡水区とおおい町、同町の文化施設「若州一滴文庫」の深い友好・交流関係を結び付けてくれたとし、覚書の調印で今後さらなる交流の深化や双方の発展促進に寄与すると期待を寄せた。

自治体129　山口県＝台南市　二〇二三年七月十五日

山口県と台南市が締結するきっかけとなったのは、二〇二一年五月二十日に両議会同士、山口県議会と台南市議会が「友好交流に関する覚書」を締結したことによって、その後、議会提携を機に昨年は台南市で山口県の伝統工芸品展が開かれるなど、双方の交流は深まり、二〇二三年七月十五日、山口県と台南市が「観光、物産、経済交流協定」を締結した。この二日後に、故安倍晋三元総理の安倍昭恵夫人が台湾を訪問している。

調印式は、オンラインで行われ、山口県の村岡嗣政知事と台南市の黄偉哲市長が交流協定覚書に調印した。その際、台南市議会の汪啓瑞秘書長や日本台湾交流協会高雄事務所の奥正史所長などが立ち会った。また、山口県庁には、台北駐日経済文化代表処の謝長廷代表が立ち会っている。

山口県は、山口宇部空港と台南空港を結ぶチャーター便の実現など、台南市との交流強化に向けて、覚書の内容の具体化を進めたいと期待を示している。

自治体130　熊本県菊陽町＝新竹県宝山郷　二〇二三年七月十八日

宝山郷は、台湾北西部にあり、主な産業は農業で、かんきつ類、オリーブ、緑竹筍などが有名である。また、半導体の受託生産で世界最大手の台湾ＴＳＭＣ（台湾積体電路製造）の本社がある新竹市サイエンスパークに隣接していて、ＴＳＭＣの工場が立地している地域で科学技術の町でもある。人口は、約一万五千人である。ＴＳＭＣは、熊本県菊陽町に一兆円の工場を建設している。

両自治体ともに、農業が盛んで豊かな田園風景が残り、ＴＳＭＣなど最先端技術の工場が進出・立地し、国の半導体産業を支える境遇という共通点があるとして、互いに工場が立地する自治体として行政レベルで連携をまちづくりに生かしたいというきっかけで交流を進めていくとなった。また、菊陽町の吉本孝寿町長は「日台共栄首長連盟」のメンバーでもあった。

その経緯もあって、菊陽町と宝山郷は、台北駐福岡弁事処の仲介により、二〇二二年九月から協定締結に向けた協議が進んだ。そして、二〇二三年一月には、吉本孝寿町長が台湾宝山郷を訪問して、先端的な科学技術産業を支え教育やスポーツ、観光などの分野でも、官民両面での交流促進を図ろうとする協定内容を確認している。

このような縁を背景に、二〇二三年七月十八日、熊本県菊陽町と台湾の新竹県宝山郷は、菊陽町役場において「友好交流協定」を締結した。協定内容は、①両町の強固な友好を築く、②相互に教育、産業、経済、文化、スポーツ、観光等の各分野での交流を促進する、③行政、住民、民間団体等の様々な主体による交流を促進する、④友好交流に関する具体的な取組について協議する、というものである。

調印式前の庁舎出迎えでは、園児と職員で関係者を出迎え、園児は手作りの歓迎グッズを手に、「ようこそ」と挨拶をして歓迎カードを手渡した。

調印式は、菊陽町役場で開催されて、両自治体の職員ら計約三十名が出席した。今後、スポーツを通した住民間の交流をはじめ、水の保全や交通、特に、阿蘇くまもと空港から定期便が就航といったインフラの課題について情報交換を進めることを確認した。また、記念品交換では、菊陽町は、ふるさと納税の返礼品になっている「ステンレス削り出しのビアグラス」と「にんじんジャム・にんじんクッキー」を贈った。宝山郷からは、「ガラスの置物」や特産の「お茶・オリーブの砂糖漬け」が贈られた。

宝山郷の邱振瑋郷長は「この友情が長く続き、経験を共有し、両地域の発展が進み、成果をもたらすことを願いたい」と述べた。

菊陽町の吉本孝寿町長は「半導体産業を支える自治体として、具体的には、農業、商業、教育、文化、スポーツなど、さまざまな分野で交流を進めていきたい」と述べて、さらに、「この友好交流協定締結は、友情の証であり、熊本県と台湾、日本と台湾の関係にも貢献していくことを心から願っている」と友好交流が深まることを期待した。

自治体131　佐渡市＝高雄市　二〇二三年七月二十二日

佐渡市と高雄市との協定締結のきっかけは、山本悌二郎氏「銅像」の存在であった。山本悌二郎氏（一八七〇―一九三七年）は、佐渡出身の実業家であり、農林大臣を務めた政治家であった。外務大臣を務めた有田八郎は弟である。一九〇〇年に台湾製糖（台湾糖業股份有限公司の前身）設立に参画し常務取締役支配人となる。後に、一九二一年社長に就任している。また、一九〇四年、第九回衆議院議員総選挙に立憲政友会から旧新潟一区にて立候補し当選する。以後当選11回。政友会内で重鎮として重きをなし、十名程度の派閥を率いた。一九二七年に田中義一内閣、そして、一九三一年に犬養内閣で、農林大臣として入閣している。

台湾人芸術家・黄土水が制作した『山本悌二郎銅像』は、もともと高雄市の橋頭糖廠（＝製糖工場）に設置されていたが、戦後は撤去されて台湾糖業公司の倉庫に保管されていた。一九五九年になって日本統治時代の製糖機材などと一緒に日本へ返還され、そのうち銅像は山本の故郷である佐渡市の真野公園に設置された。台湾から日本に留学して美術を学び、日展入選を果たした台湾人芸術家、黄土水（一八九五―一九三〇年）の作品「山本悌二郎銅像」が二〇二二年八月末、設置されていた新潟県佐渡市から高雄市へ無償で「返還」された。その後、高雄市は、銅像のレプリカ制作に取り掛かり、完成したレプリカを佐渡市へ寄贈した。日本統治時代の台湾で活躍した一人の芸術家が結んだ縁が、両市の交流につながった。

これまでの佐渡市と高雄市との友好関係は、二〇二二年三月、当時の台北駐日経済文化代表処李副代表が佐渡市に来られた際、佐渡市は、真野公園に設置されていた山本悌二郎像氏胸像の里帰りおよび両市の未来に向けた友好交流について記載された高雄市長からの親書を受け取っている。八月には、真野公園に設置されていた山本悌二郎氏胸像が高雄市に里帰りを果たす。十二月には、高雄市に里帰りをした山本悌二郎像の除幕式に、高雄市側からの招待を受け、渡辺市長が参加する。二〇二三年七月二十二日、台湾で修復作業が行われていた山本悌二郎氏石膏像が佐渡に帰還され、新たに作成された胸像が佐渡市に寄贈され、台湾との交流イベントが実施され、除幕式を開催した。そこで、佐渡市において、友好交流協定を締結した。

交流協定の内容は、佐渡市と高雄市は、日台友好関係と歴史の縁に基づき、山本悌二郎氏の銅像が台湾に帰還することをきっかけに、両市の友好関係を強固にし、更なる連携の発展を促進するため、友好交流協定を締結することに合意するというものである。そして、両市及びその市民は、経済貿易、観光、民間交流、文化芸術、教育、スポーツ、農業など幅広い分野における多様な交流と連携を通じて、相互のさらなる繁栄と発展を推し進めることとした。調印式には、台北駐日経済文化代表処の謝長廷代表が立ち会い、高雄市の林欽栄副市長と佐渡市の渡辺市長が協定書に調印をしている。

高雄市を代表して調印に臨んだ林欽栄副市長は、高雄市と佐渡市は農業や漁業が盛んなところなど多くの共通点がある。今後は農業・漁業、文化、観光、教育などの方面で交流を強化したい期待を示した。

佐渡市の渡辺市長は、黄土水による山本悌二郎の銅像が台日間の交流の新たな一ページを開いたとし、佐渡の若者にも歴史を知ってもらい、台湾との交流が続いていくことを願った。

日台における自治体の姉妹友好都市一覧（地域別）

日本側自治体	台湾側自治体	提携形態	提携年月日
【北海道地方】			
北海道旭川市	彰化県	国際交流協定	二〇〇八年九月三日
北海道津別町	彰化県二水郷	友好都市	二〇一二年十月八日
北海道大樹町	高雄市大樹区	友好交流協定	二〇一五年九月一日
北海道白老町	花蓮県秀林郷	友好交流推進協定	二〇二二年八月三日
北海道浦河町	花蓮県新城郷	友好交流協定	二〇二二年八月十日
北海道釧路市	花蓮市	友好交流協定	二〇二二年八月三十一日
北海道厚沢部町	花蓮県寿豊郷	友好交流協定	二〇二三年三月三十一日
北海道余市町	彰化市	友好交流に関する覚書	二〇二三年五月十八日
北海道余市町	宜蘭県員山郷	友好交流協定	二〇二三年五月十九日
【東北地方】			
青森県大間町	雲林県虎尾鎮	姉妹町	一九七九年十月十日
福島県玉川村	南投県鹿谷郷	友好都市	一九八八年五月三日
秋田県上小阿仁村	屏東県萬巒郷	姉妹都市	一九九一年十月三日
秋田県美郷町	花蓮県瑞穂郷	友好町郷	二〇〇一年七月九日
宮城県仙台市	台南市	交流促進都市	二〇〇六年一月二十日

青森県青森市	新竹県	友好交流協定	二〇一四年十月十七日
宮城県栗原市	南投市	国際友好交流協定	二〇一六年三月十四日
山形県	高雄市	友好協力覚書	二〇一六年五月十八日
山形県	宜蘭県	友好交流協定	二〇一六年八月二十四日
秋田県	高雄市	国際交流協力覚書	二〇一六年八月二十五日
青森県・平川市	台中市	友好交流協定	二〇一六年十二月十四日
青森県・弘前市	台南市	友好交流協定	二〇一七年十二月四日
山形県山形市	台南市	友好交流協定	二〇一七年十二月六日
山形県	台中市	友好協力に関する覚書	二〇一八年五月二十九日
岩手県盛岡市	花蓮市	友好都市協定	二〇一九年十一月二十四日
宮城県栗原市	南投市	姉妹都市	二〇二〇年十一月二十三日
【関東地方】			
群馬県上野村	苗栗県卓蘭鎮	姉妹都市	一九八九年十月二十八日
神奈川県横浜市	台北市	パートナー都市	二〇〇六年五月二十二日
東京都八王子市	高雄市	友好交流協定	二〇〇六年十一月一日
栃木県日光市	台南市	観光友好都市	二〇〇九年一月十六日
群馬県	彰化県	友好協力協定	二〇一二年十二月十七日
群馬県	台中市	友好交流協定	二〇一二年十二月十八日
群馬県	高雄市	友好協力協定	二〇一三年三月四日

群馬県みなかみ町	台南市	友好都市	二〇一三年十二月十三日
群馬県渋川市	彰化県社頭郷	友好協力協定	二〇一四年十一月七日
群馬県渋川市	彰化県員林市	観光・教育旅行協定	二〇一五年四月十六日
群馬県	彰化県	経済友好協力協定	二〇一五年九月十四日
群馬県桐生市	雲林県	友好連携協定	二〇一五年十月二十二日
群馬県片品村	彰化県永靖郷	友好交流覚書	二〇一六年四月二十一日
千葉県	桃園市	友好交流協定	二〇一六年八月九日
千葉県成田市	桃園市	友好都市協定	二〇一六年九月十六日
千葉県富里市	苗栗県頭份市	友好都市協定	二〇一七年四月十七日
栃木県	高雄市	経済教育友好交流覚書	二〇一七年二月十七日
千葉県銚子市	桃園市	友好交流協定	二〇二二年七月十一日
茨城県土浦市	台南市	友好交流協定	二〇二三年四月七日
【中部地方】			
福井県美浜町	新北市石門区	姉妹都市	一九八八年八月十日
静岡県清水町	苗栗県苗栗市	友好都市	二〇〇三年十二月十五日
長野県	高雄市	教育観光覚書	二〇一二年十一月一日
岐阜県美濃市	高雄市美濃区	友好交流協定	二〇一二年十一月二十九日
長野県松川村	彰化県鹿港鎮	友好都市	二〇一三年六月十二日
静岡県浜松市	台北市	観光交流都市	二〇一三年七月三十一日

石川県加賀市	台南市	友好都市	二〇一四年七月七日
石川県加賀市	高雄市	観光交流協定	二〇一四年七月八日
石川県加賀市	高雄市鼓山区	友好交流協定	二〇一四年七月八日
長野県松本市	高雄市	健康・福祉・教育交流覚書	二〇一五年七月十四日
長野県	彰化県	観光・教育交流協力に関する覚書	二〇一五年九月十五日
静岡県西伊豆町	澎湖県	友好交流提携	二〇一五年十一月一日
石川県加賀市	桃園市	友好都市	二〇一六年五月十九日
静岡県富士宮市	台南市	友好交流都市協定都市	二〇一七年六月二十四日
石川県内灘町	竹北市	友好交流に関する基本合意書	二〇一七年九月十一日
石川県小松市	彰化市	友好交流協定	二〇一七年十月十日
岐阜県飛騨市	嘉義県新港郷	友好交流協定	二〇一七年十月十三日
山梨県	高雄市	観光交流覚書	二〇一八年三月二日
福井県南越前町	台南市白河区	友好交流協定	二〇一八年五月二十六日
愛知県名古屋市	台中市	観光友好都市覚書	二〇一八年十一月二日
長野県・駒ヶ根市	台中市	観光・教育交流に関する覚書	二〇一八年十一月四日
富山県射水市	台北市士林区	友好交流協力に関する覚書	二〇一九年七月九日
愛知県名古屋市	台中市	観光分野におけるパートナー都市協定	二〇一九年十月二十五日
富山県氷見市	高雄市鼓山区	友好交流都市協定	二〇二〇年十二月五日
静岡市	台北市	交流に関する覚書	二〇二一年十一月二十四日

福井県おおい町	新北市淡水区	友好交流都市覚書	二〇二三年七月六日
佐渡市	高雄市	友好交流協定	二〇二三年七月二十二日
【近畿地方】			
三重県	新北市	観光交流協力協定	二〇一三年十月二十一日
滋賀県	台南市	産業経済観光覚書	二〇一三年十二月十九日
大阪府松原市	台北市文山区	友好都市協定	二〇一四年九月十一日
三重県伊賀市・志摩市	台東県	自治体間連携覚書	二〇一六年一月二十一日
三重県	高雄市	産業・観光交流促進覚書	二〇一六年一月二十二日
三重県	台中市	国際交流促進協定	二〇一七年二月十日
和歌山県和歌山市	台北市	交流促進覚書	二〇一七年五月二十日
京都市	台南市	交流推進協定	二〇二一年六月三十日
京都市	高雄市	高雄協定	二〇二一年九月十日
【中国地方】			
岡山県岡山市	新竹市	友好交流協定	二〇〇三年四月二十一日
鳥取県三朝町	台中県石岡区	交流促進協定	二〇〇七年三月六日
鳥取県北栄町	台中県大肚区	友好交流協定	二〇一〇年七月二十七日
島根県松江市	台北市	交流促進覚書	二〇一四年七月二十五日
山口県萩市	台北市士林区	友好交流覚書	二〇一六年十月三日
広島県尾道市	嘉義市	友好交流協定	二〇一六年十二月二十二日

広島県呉市	基隆市	姉妹都市提携	二〇一七年四月二十八日
広島県尾道市	台中市	友好交流覚書	二〇一七年九月二十九日
鳥取県	台中市	観光交流協定	二〇一七年十月二十三日
鳥取県	台中市	友好交流協定	二〇一八年十一月二日
山口県議会	台南市議会	友好交流に関する覚書	二〇二一年五月二十日
鳥取県若桜町	新竹県横山郷	友好交流協定	二〇二一年十二月二十一日
鳥取県米子市	台北市	交流促進覚書	二〇二二年十月二十日
島根県松江市	台北市	交流促進覚書	二〇二二年十月二十日
島根県出雲市	台北市	交流促進覚書	二〇二二年十月二十日
島根県境港市	台北市	交流促進覚書	二〇二二年十月二十日
島根県安来市	台北市	交流促進覚書	二〇二二年十月二十日
島根県安来市	新北市新店区	友好交流都市覚書	二〇二三年二月七日
山口県	台南市	友好交流に関する覚書	二〇二三年七月十五日
【四国地方】			
徳島県牟岐町	彰化県埔塩郷	姉妹郷町	一九八三年七月二十二日
愛媛県松山市	台北市	友好交流協定	二〇一四年十月十三日
愛媛県	台北市	国際交流促進覚書	二〇一六年五月十八日
香川県	桃園市	友好交流協定	二〇一六年七月十八日
香川県高松市	基隆市	交流協定	二〇一七年五月一日

愛媛県	台中市	友好交流覚書	二〇一七年六月一日
香川県琴平町	新北市瑞芳区	友好交流協定	二〇一八年五月三十一日
徳島県徳島市	花蓮県吉安郷	友好交流協定	二〇一九年一月十七日
【九州・沖縄地方】			
沖縄県与那国町	花蓮県花蓮市	姉妹都市	一九八二年十月八日
沖縄県石垣市	宜蘭県蘇澳鎮	姉妹都市	一九九五年九月二十六日
沖縄県宮古島市	基隆市	姉妹都市	二〇〇七年六月二十八日
熊本県・熊本市	高雄市	経済交流に関する覚書	二〇一三年九月九日
大分県	台中市	観光友好交流連携に関する協定書	二〇一五年十一月二十七日
大分県	台中市	友好交流覚書	二〇一六年九月八日
熊本県・熊本市	高雄市	国際交流促進覚書	二〇一七年一月十一日
大分県竹田市	高雄市田寮区	観光文化友好交流協定	二〇一七年一月十三日
福岡県福岡市	台北市	スタートアップの海外展開支援に関する覚書	二〇一七年二月八日
大分県中津市	台中市	観光交流協定	二〇一七年二月九日
宮崎県	新竹県	交流協定	二〇一七年二月二十一日
鹿児島県出水市	南投県埔里鎮	姉妹都市盟約協定	二〇一七年五月三十一日
宮崎県	桃園市	友好交流協定	二〇一七年十月五日
熊本県八代市	基隆市	友好交流協定	二〇一八年四月十九日

鹿児島県阿久根市	台南市善化区	友好交流協定	二〇一八年四月二十七日
宮崎県西都市	宜蘭県羅東鎮	姉妹都市盟約	二〇一八年七月三十日
宮崎県高千穂町	花蓮市	姉妹都市盟約	二〇一九年十月八日
宮城県栗原市	南投市	姉妹都市	二〇二〇年十一月二十三日
熊本県南阿蘇村	屏東県東港鎮	国際交流の促進に関する覚書	二〇二二年十月二十七日
大分県玖珠町	彰化市	友好交流協定	二〇二二年十一月二日
熊本県益城町	台中市大甲区	友好交流協定	二〇二三年一月九日
鹿児島県南さつま市	高雄市旗津区	友好交流協議	二〇二三年一月三十一日
鹿児島県曽於市	屏東県里港郷	国際交流促進に関する覚書	二〇二三年五月十六日
熊本県菊陽町	新竹県宝山郷	友好交流協定	二〇二三年七月十八日

日台関係研究会関連書籍

中村勝範編著『運命共同体としての日本と台湾』展転社、一九九七年、三八二頁、二〇〇〇円

中村勝範編著『運命共同体としての日米そして台湾』展転社、一九九八年、二九四頁、一八〇〇円

浅野和生著『君は台湾のたくましさを知っているか』廣済堂出版、二〇〇〇年、二三〇頁、一三九〇円

中村勝範、楊合義、浅野和生『日米同盟と台湾』、早稲田出版、二〇〇三年、二六二頁、一七〇〇円

中村勝範、涂照彦、浅野和生『アジア太平洋における台湾の位置』早稲田出版、二〇〇四年、二五四頁、一七〇〇円

中村勝範、黄昭堂、徳岡仁、浅野和生『続・運命共同体としての日本と台湾』早稲田出版、二〇〇五年、二三八頁、一七〇〇円

中村勝範、楊合義、浅野和生『東アジア新冷戦と台湾』早稲田出版、二〇〇六年、二三二頁、一六〇〇円

中村勝範、楊合義、浅野和生『激変するアジア政治地図と日台の絆』早稲田出版、二〇〇七年、二一三頁、一六〇〇円

中村勝範、呉春宜、楊合義、浅野和生『馬英九政権の台湾と東アジア』早稲田出版、二〇〇八年、二五四頁、一六〇〇円

浅野和生著『台湾の歴史と日台関係』早稲田出版、二〇一〇年、二二三頁、一六〇〇円

日台関係研究会編『辛亥革命100年と日本』早稲田出版、二〇一一年、二八七頁、一五〇〇円

浅野和生、加地直紀、松本一輝、山形勝義、渡邉耕治『日台関係と日中関係』展転社、二〇一二年、二一五頁、一六〇〇円

浅野和生、加地直紀、松本一輝、山形勝義、渡邉耕治『台湾民主化のかたち』展転社、二〇一三年、二一二頁、一六〇〇円

浅野和生、加地直紀、渡辺耕治、新井雄、松本一輝、山形勝義『日台関係研究会叢書1　中華民国の台湾化と中国』展転社、二〇一四年、二三二頁、一六〇〇円

浅野和生、松本一輝、加地直紀、山形勝義、渡邉耕治、『日台関係研究会叢書2　一八九五―一九四五　日本統治下の台湾』展転社、二〇一五年、二四八頁、一七〇〇円

浅野和生、渡邉耕治、加地直紀、松本一輝、山形勝義『日台関係研究会叢書3　民進党三十年と蔡英文政権』展転社、二〇一六年、二四八頁、一七〇〇円

浅野和生、渡邉耕治、山形勝義、松本一輝、加地直紀『日台関係研究会叢書4　日台関係を繋いだ台湾の人びと』展転社、二〇一七年、二五〇頁、一七〇〇円

楊合義『決定版 台湾の変遷史』展転社、二〇一八年、一六〇〇円

浅野和生、松本一輝、加地直紀、山形勝義『日台関係研究会叢書5　日台関係を繋いだ台湾の人びと2』展転社、二〇一八年、二四六頁、一七〇〇円

浅野和生、松本一輝、山形勝義、吉田龍太郎『日台関係研究会叢書6　台湾の民主化と政権交代』展転社、二〇一九年、二四八頁、一七〇〇円

浅野和生、渡辺耕治、山形勝義、新井雄、松本一輝『日台関係研究会叢書7　日台運命共同体』展転社、二〇二〇年、三〇四頁、一九〇〇円

浅野和生、渡辺耕治、山形勝義、新井雄、松本一輝『日台関係研究会叢書8　台湾と日米同盟』展転社、二〇二一年、二六〇頁、一七〇〇円

浅野和生、野澤基恭、山形勝義、松本一輝『日台関係研究会叢書9　「国交」を超える絆の構築』展転社、二〇二二年、二四〇頁、一七〇〇円

【執筆者略歴】

酒井正文（さかい　まさふみ）

昭和 24 年、静岡県生まれ。 慶應義塾大学大学院法学研究科修士課程修了。中部女子短期大学助教授、杏林大学教授、平成国際大学教授を経て同名誉教授。平成 16 年～ 24 年まで法学部長。 日本政治学会、日本選挙学会、日本法政学会理事を歴任。
〔主要著作〕『主要国政治システム概論』（共著、慶應義塾大学出版会）『満州事変の衝撃』（共著、勁草書房）『大麻唯男』（共著、財団法人櫻田会）『帝大新人会研究』（共著、慶應義塾大学出版会）など。

漆畑春彦（うるしばた　はるひこ）

昭和 37 年 静岡県生まれ。昭和 60 年 慶應義塾大学経済学部卒業　平成 27 年 埼玉大学経済科学研究科博士後期課程修了（経済学博士）
昭和 60 年株式会社三井銀行（現三井住友銀行）入行。その後、日興リサーチセンター企画調査部（主任研究員）、野村総合研究所資本市場研究部（上級研究員）、みずほ証券経営企画グループ経営調査部（上級研究員）を経て、平成 24 年 平成国際大学法学部教授。証券経済学会会員、日本証券アナリスト協会検定会員。
（主要著作）『金融大改革のすべて』（共著、東洋経済新報社）『投資銀行の戦略メカニズム』（共著、清文社）『金融システム改革と証券業』（共著、公益財団法人日本証券経済研究所）『ヨーロッパの証券市場』（共著、公益財団法人日本証券経済研究所）『イギリスの証券市場』（共著、公益財団法人日本証券経済研究所）『資本市場の変貌と証券ビジネス』（共著、公益財団法人日本証券経済研究所）

松本一輝（まつもと　かずてる）

昭和 54 年、東京都生まれ。平成 15 年平成国際大学法学部卒、同 17 年平成国際大学大学院法学研究科修士課程修了、現在　日台関係研究会事務局。日本選挙学会、日本法政学会会員。
（主要著作）「オードリー・タンが拓くデジタル国家・台湾」（『「国交」を超えた絆の構築』）「尖閣諸島をめぐる日米中台関係」（『台湾と日米同盟』）、「大地震に際しての日台相互支援」（『日台運命共同体』）、「台湾における選挙の歴史―民主化と政権交代の経過」（『台湾の民主化と政権交代』）、「戦後の日台関係と林金莖」（『日台関係を繋いだ台湾の人びと 2』）、「許世楷駐日代表と日台関係の発展」（『日台関係を繋いだ台湾の人びと』）、「民進党の三十年と立法委員選挙」（『民進党三十年と蔡英文政権』）、「日本の台湾領有と憲法問題」（『一八九五―一九四五 日本統治下の台湾』）、「六大都市選挙に見る『中華民国の台湾化』」（『中華民国の台湾化と中国』）、「台湾の民主化と各種選挙の実施」（『台湾民主化のかたち』）、「中華民国の戦後史と台中、日台関係」（『日台関係と日中関係』）、「労働党ブレア政権の貴族院改革」（『平成法政研究』　第 14 巻第 1 号）、「オリンピック開催地決定の経過と政治の役割」（『平成法政研究』　第 12 巻第 1 号）。

野澤基恭（のざわ　もとやす）

昭和 35 年、愛知県生まれ。亜細亜大学大学院法学研究科博士課程単位取得。鈴峯女子短期大学助教授、平成国際大学法学部教授を経て東京国際大学国際関係学部教授。日本法政学会理事、憲法学会理事。
［主要論文］「国際社会における法定立」（亜細亜法学、第 31 巻 2 号）、「尖閣諸島を考える国際法上の視点」（法政論叢 50 巻 1 号）、“Issues Surrounding the South China Sea dispute” (Japanese Society And Culture　2021.No.3)、「台湾と自決権」（『「国交」を超えた絆の構築』）

山形勝義（やまがた　かつよし）

昭和55年、茨城県生まれ。平成15年国士舘大学政経学部卒業、同17年平成国際大学大学院法学研究科修士課程修了、同23年東洋大学大学院法学研究科博士課程単位取得満期退学。現在、東洋大学アジア文化研究所客員研究員。日本政治学会、日本法政学会、日本選挙学会、日本地方自治研究学会、日本地方自治学会会員。

（主要著作）「日台における自治体の姉妹友好都市交流」（『「国交」を超えた絆の構築』）「『武漢肺炎』を封じ込めた台湾と蔓延を許した日本―二〇二〇年一月から五月の感染症対策の実態」（『台湾と日米同盟』）、「周鴻慶事件による日華断交の危機と関係修復―一九六〇年代の日台関係の課題」（『日台運命共同体』）、「中華民国の台湾化―「省」の廃止と六大都市の設置」（『台湾の民主化と政権交代』）、「国連職員から駐日代表へ―羅福全の半生と日台関係」（『日台関係を繋いだ台湾の人びと2』）、「台湾経済の世界化を担った江丙坤」（『日台関係を繋いだ台湾の人びと』）、「陳水扁政権期の「公民投票」の実現―民主化の一里塚としての国民投票―」（『民進党三十年と蔡英文政権』）、「日本統治下の台湾における地方行政制度の変遷」（『一八九五―一九四五 日本統治下の台湾』）、「中華民国の地方自治と中央政府直轄市」（『台湾民主化のかたち』）、「中華民国における五権憲法の実態―中国から台湾へ・監察院の制度と組織―」（『日台関係と日中関係』）「アジア諸国における権威主義体制の崩壊と情報公開システムの形成―韓国・タイ・台湾を事例に―」（『法政論叢』）、ほか。

浅野和生（あさの　かずお）

昭和 34 年、東京都生まれ。昭和 57 年慶應義塾大学経済学部卒業、同 63 年慶應義塾大学大学院法学研究科博士課程修了、法学博士。昭和 61 年中部女子短期大学専任講師、平成 2 年関東学園法学部専任講師、後、助教授、同 8 年平成国際大学法学部助教授を経て、同 15 年より教授。日本法政学会理事、日本地方政治学会理事、日本地域政治学会代表。

【著書】

『大正デモクラシーと陸軍』（慶應義塾大学出版会）『君は台湾のたくましさを知っているか』（廣済堂出版）『台湾の歴史と日台関係』（早稲田出版）『親台論』（ごま書房新社）

【共著書】

『「国交」を超えた絆の構築』「台湾と日米同盟』『日台運命共同体』『台湾の民主化と政権交代』『日台関係を繋いだ台湾の人びと 2』『日台関係を繋いだ台湾の人びと』『民進党三十年と蔡英文政権』『一八九五―一九四五 日本統治下の台湾』『中華民国の台湾化と中国』『台湾民主化のかたち』『日台関係と日中関係』『運命共同体としての日本と台湾』（以上、展転社）『日米同盟と台湾』『アジア太平洋における台湾の位置』『続・運命共同体としての日本と台湾』『東アジア新冷戦と台湾』『激変するアジア政治地図と日台の絆』『馬英九政権の台湾と東アジア』（以上、早稲田出版）

日台関係研究会叢書10

台湾の経済発展と日本

砂糖とパイナップルからTSMCへ

令和五年十二月二十五日　第一刷発行

編　者　浅野　和生

発行人　荒岩　宏奨

発　行　展　転　社

〒101-0051 東京都千代田区神田神保町2-46-402

TEL　〇三（五三一四）九四七〇

FAX　〇三（五三一四）九四八〇

振替〇〇一四〇―六―七九九九二

印刷製本　中央精版印刷

ISBN978-4-88656-572-3